I0837995

SOZIALE ARBEIT FUER BEGINNER

Eine Einfuehrung in Grundlagen, Geschichte und Praxis

Dr. Dr. Sora Pazer

Hochschule fuer Soziale Arbeit und Angewandte Wissenschaften

2., erweiterte Auflage | 2026

Vorwort zur zweiten Auflage

Dieses Buch entstand aus der Lehrpraxis. Ueber viele Jahre hinweg habe ich Erstsemesterstudierende der Sozialen Arbeit unterrichtet – junge Menschen, die voller Energie und Empathie in dieses Studium starteten, manchmal mit romantischen Vorstellungen, manchmal mit konkreten Erfahrungen aus dem eigenen Leben, manchmal mit der diffusen Ahnung, dass sie etwas tun wollen, das Sinn macht. Immer wieder zeigte sich: Es fehlte ein Buch, das ehrlich, klar und ohne uebermaeßigen Fachjargon erklaert, womit man es in der Sozialen Arbeit wirklich zu tun hat.

Soziale Arbeit ist eine der wichtigsten Professionen unserer Gesellschaft – und gleichzeitig eine der am haergsten missverstandenen. Wer an Soziale Arbeit denkt, denkt oft an Almosengeben, an Gutmenschen, an eine Taetigkeit, die jeder mit ein bisschen Mitgefuehl erledigen koennte. Das Gegenteil ist wahr: Soziale Arbeit ist eine anspruchsvolle, wissenschaftlich fundierte, ethisch gerahmte Profession, die taegliche Entscheidungen unter Unsicherheit und mit realen Konsequenzen fuer reale Menschen trifft. Dieses Buch will Anfaengerinnen und Anfaengern eine belastbare Grundlage geben – inhaltlich, theoretisch und persoenlich.

Die erste Auflage dieses Buches erschien 2022 und fand dankenswerterweise erhebliche Resonanz – in Hochschulseminaren, in Praxiseinrichtungen und bei neugierigen Leserinnen und Lesern ausserhalb des Faches. Die zweite Auflage wurde in allen Kapiteln erheblich erweitert und aktualisiert. Neue Abschnitte widmen sich der Digitalisierung der Sozialen Arbeit, dem Thema Klimawandel und sozialer Gerechtigkeit sowie juengsten Entwicklungen im Sozialrecht, insbesondere zum Bundesteilhabegesetz und zu den SGB-II-Reformen. Das Kapitel zur Selbstfuersorge wurde vollstaendig ueberarbeitet und um aktuelle Erkenntnisse zur Compassion Fatigue und zur Organisationsgesundheit ergaenzt. Das Kapitel zur Geschichte wurde um die Auseinandersetzung mit dem Nationalsozialismus vertieft.

Ich moechte mich bei allen Studierenden bedanken, die mir im Laufe der Jahre mit ihren Fragen, ihren Entdeckungen und ihren Irritationen gezeigt haben, wo die Luecken sind. Ebenso danke ich meinen Kolleginnen und Kollegen an der Hochschule, die Kapitelentwuerfe gelesen, kommentiert und verbessert haben. Und ich danke denjenigen, die mit mir ueber die Grenzen der Sozialen Arbeit diskutiert haben – die schwersten und wichtigsten Gespraeche sind die, in denen man sich nicht sicher ist, ob man Recht hat.

Soziale Arbeit ist kein Beruf fuer alle. Aber fuer diejenigen, die ihn waehlen und ihn ernstnehmen, kann er zu einer tiefen Berufung werden. Ich hoffe, dieses Buch traegt dazu bei.

Dr. Dr. Sora Pazer | *Frankfurt am Main, Juni 2026*

Inhaltsverzeichnis

Kapitel 1: Was ist Soziale Arbeit?

Grundlagen, Definitionen und gesellschaftliche Bedeutung einer Profession

Wer zum ersten Mal mit dem Begriff Soziale Arbeit konfrontiert wird, hat oft eine ungefähre Vorstellung – und diese Vorstellung ist meistens unvollständig. Das Berufsbild umfasst weit mehr als die häufig genannten Tätigkeiten in Jugendämtern oder Obdachlosenunterkünften. Dieses einführende Kapitel legt das konzeptuelle Fundament: Was ist Soziale Arbeit als Profession und als Wissenschaft? Welche gesellschaftliche Funktion erfüllt sie? Und warum ist sie heute unverzichtbar?

1.1 Eine erste Annäherung

Stellen wir uns eine ganz normale Arbeitswoche in der Sozialen Arbeit vor: Eine Sozialarbeiterin begleitet eine Familie, in der ein Elternteil gerade seinen Arbeitsplatz verloren hat und mit der Schuldenspirale kämpft. Sie führt ein Erstgespräch, hört zu, verschafft sich einen Überblick über die finanzielle Situation und vermittelt an eine Schuldnerberatungsstelle. Am selben Tag besucht sie eine alleinerziehende Mutter, deren Kind in der Schule auffällig geworden ist – nicht weil das Kind schwierig ist, sondern weil zuhause seit Wochen kein Strom mehr brennt. Ihr Kollege führt in einer Suchtberatungsstelle ein Erstgespräch mit einem jungen Mann, der merkt, dass sein Alkoholkonsum außer Kontrolle geraten ist; er hat Angst, seine Stelle zu verlieren, und weiß nicht, wie er das seiner Frau sagen soll. Eine weitere Fachkraft betreut in einer Jugendhilfeeinrichtung Jugendliche, die keinen Schulabschluss haben und auf der Straße aufgewachsen sind – sie plant mit ihnen Bewerbungen, redet über Zukunftsperspektiven und versucht gleichzeitig, das Vertrauen derer zu gewinnen, die Erwachsene grundsätzlich misstrauisch betrachten.

Was all diese Tätigkeiten verbindet, ist ein gemeinsames Grundprinzip: Soziale Arbeit setzt dort an, wo Menschen in schwierigen Lebenssituationen nicht allein weiterkommen – und wo gesellschaftliche Strukturen allein keine ausreichende Antwort bieten. Sie arbeitet an der Schnittstelle zwischen Individuum und Gesellschaft, zwischen persönlichem Leid und strukturellen Ursachen. Sie fragt nicht nur: Was hat diese Person? – sondern auch: Warum ist diese Person in dieser Situation? Was hat die Gesellschaft dazu beigetragen? Und welche Ressourcen lassen sich mobilisieren?

Dabei ist Soziale Arbeit keine Hilfstätigkeit im karitativen Sinne des 19. Jahrhunderts mehr. Sie ist heute eine anerkannte Profession mit eigenem wissenschaftlichem Fundament, eigenem Berufsethos und eigener Methodenlehre. Sozialarbeiterinnen und Sozialarbeiter sind keine Gutmenschen ohne Konzept, sondern professionell ausgebildete Fachkräfte, die auf der Grundlage wissenschaftlicher Erkenntnisse und ethischer Prinzipien handeln. Diese Unterscheidung mag banal klingen – in der Praxis macht sie jedoch einen fundamentalen Unterschied: zwischen reaktiver Symptombehandlung und methodisch-reflexivem Handeln.

Der Begriff Soziale Arbeit wird im deutschsprachigen Raum seit Anfang des 21. Jahrhunderts als Oberbegriff verwendet, der die historisch getrennten Ausbildungsstränge der Sozialarbeit und der Sozialpädagogik zusammenführt. Diese Zusammenführung war kein bloßer Namenstausch, sondern spiegelt eine konzeptuelle Annäherung wider, die in der Praxis schon lange vollzogen worden war: Die früher strikte Trennung zwischen dem Einzelfallhelfer im Wohlfahrtsamt und dem Sozialpädagogen in der Jugendarbeit entspricht nicht mehr der Realität heutiger Tätigkeitsprofile.

1.2 Die internationale Definition der Sozialen Arbeit

Um zu verstehen, was Soziale Arbeit ist, hilft ein Blick auf die international anerkannte Definition. Die International Federation of Social Workers (IFSW) und die International Association of Schools of Social Work (IASSW) verabschiedeten 2014 eine gemeinsame Definition, die von den nationalen Fachverbänden – darunter dem Deutschen Berufsverband für Soziale Arbeit (DBSH) – anerkannt wurde. Diese Definition ist kein akademisches Dokument ohne praktische Relevanz: Sie beschreibt den Kern des professionellen Selbstverständnisses weltweit.

> **Internationale Definition (IFSW/IASSW 2014)**
> Soziale Arbeit ist eine praxisorientierte Profession und akademische Disziplin, die sozialen Wandel und Entwicklung, sozialen Zusammenhalt und die Stärkung und Befreiung von Menschen foerdert. Grundlage der Sozialen Arbeit sind die Prinzipien der sozialen Gerechtigkeit, der Menschenrechte, der gemeinsamen Verantwortung und der Achtung der Vielfalt. Gestuetzt auf Theorien der Sozialen Arbeit, der Sozialwissenschaften, der Geisteswissenschaften und des indigenen Wissens, werden

> bei der Sozialen Arbeit Menschen und Strukturen einbezogen, um existenzielle Herausforderungen zu bewaeltigen und das Wohlergehen zu verbessern.

Diese Definition verdeutlicht mehrere wichtige Aspekte: Erstens ist Soziale Arbeit gleichzeitig Praxis und Wissenschaft. Sie handelt in konkreten Situationen und reflektiert dieses Handeln wissenschaftlich. Zweitens versteht sie sich als politisch: Sie strebt sozialen Wandel an und reagiert nicht nur auf individuelle Probleme, sondern hinterfragt deren gesellschaftliche Ursachen. Drittens ist sie wertebasiert – Menschenrechte und soziale Gerechtigkeit sind keine optionalen Zusätze, sondern konstitutive Grundlage. Viertens ist Soziale Arbeit multidisziplinär: Sie bezieht sich auf Soziologie, Psychologie, Politikwissenschaft, Rechtswissenschaft und andere Disziplinen.

Besonders interessant ist der Hinweis auf indigenes Wissen. Damit betont die Definition, dass Soziale Arbeit nicht nur auf westlich-akademisches Wissen zurückgreift, sondern auch lokale Wissensformen und kulturelle Praktiken anerkennt. Dies ist vor allem im internationalen Kontext bedeutsam, spielt aber auch in der Migrationsarbeit in Deutschland eine zunehmend wichtige Rolle: Wer mit Menschen aus anderen Kulturkreisen arbeitet, muss deren Weltbild, Familienvorstellungen und Problemlösestrategien verstehen und respektieren – anstatt sie durch die eigene kulturelle Brille zu beurteilen.

Für den deutschsprachigen Kontext lässt sich ergänzen: Soziale Arbeit versteht sich hier als eigenständige Profession und Wissenschaft, die eng mit dem Wohlfahrtsstaat verknüpft ist. Ohne ein ausdifferenziertes System sozialer Sicherung – Sozialgesetzbücher, Finanzierungsstrukturen, kommunale Daseinsvorsorge – wäre die heutige Form Sozialer Arbeit nicht denkbar. Sie ist damit immer auch Kind ihrer gesellschaftlichen Rahmenbedingungen und muss sich verändern, wenn sich diese Rahmenbedingungen verändern.

1.3 Soziale Arbeit als Profession und Disziplin

Soziale Arbeit bewegt sich in einem produktiven Spannungsfeld: Sie ist zugleich akademische Disziplin und Handlungswissenschaft. Als Disziplin entwickelt sie

Theorien, führt Forschung durch und bildet Fachkräfte aus. Als Profession handelt sie in der Praxis, trifft Entscheidungen unter Unsicherheit und trägt Verantwortung für reale Menschen. Diese Doppelnatur ist kein Defizit, sondern eine Stärke: Sie verhindert sowohl den reinen Elfenbeinturm als auch blinden Aktionismus.

Die Professionalisierung Sozialer Arbeit war ein langer Prozess. Im deutschen Kontext begann sie im frühen 20. Jahrhundert mit der Gründung erster Fachschulen für Soziale Arbeit und der Institutionalisierung sozialer Berufe. Eine entscheidende Rolle spielten dabei Frauen der bürgerlichen Frauenbewegung, die Alice Salomon an ihrer Spitze hatte. Heute ist Soziale Arbeit an Fachhochschulen und Universitäten fest verankert; ein Bachelor-Studiengang dauert in der Regel sieben Semester, ein Master weitere drei oder vier Semester. Promotionsmöglichkeiten existieren zunehmend auch an Fachhochschulen, die das Promotionsrecht erhalten haben.

Was eine Profession von einem einfachen Beruf unterscheidet, lässt sich an mehreren Kriterien festmachen: Erstens verfügt sie über ein systematisches, wissenschaftlich fundiertes Wissenskorpus. Zweitens gibt es einen verbindlichen Berufsethos, der über individuelle Präferenzen hinausgeht. Drittens existiert eine Berufsorganisation, die Standards setzt – in Deutschland ist das der DBSH. Viertens hat die Profession gesellschaftlich anerkannte Zuständigkeitsbereiche, die durch Recht und institutionelle Strukturen abgesichert sind. Und fünftens – das ist vielleicht das Entscheidende – erfordert die Profession ein hohes Maß an situativem Urteilsvermögen, das sich durch Regeln allein nicht ersetzen lässt.

Das Verhältnis zwischen Disziplin und Profession ist dabei kein Selbstzweck. Es dient dem Ziel, dass Fachkräfte in der Praxis nicht aus dem Bauch heraus handeln, sondern auf der Grundlage reflektierten, theoretisch informierten Wissens. Gleichzeitig soll die Praxis die Disziplin bereichern: Gute Forschung in der Sozialen Arbeit schöpft aus dem, was in der alltäglichen Arbeit mit Menschen erlebt, beobachtet und reflektiert wird. Theorie ohne Praxis verbleibt abstrakt; Praxis ohne Theorie bleibt unreflektiert.

1.4 Das Doppelte und Dreifache Mandat

Eine der wichtigsten konzeptuellen Grundlagen der Sozialen Arbeit ist das Konzept des Mandats. Das klassische Doppelmandat, das insbesondere von Hans-Uwe Otto und Hans Thiersch geprägt wurde, beschreibt eine grundlegende Spannung: Soziale Arbeit hat immer zwei Auftraggeber. Zum einen den Staat bzw. öffentliche und freie Träger, die sie beauftragen und finanzieren. Zum anderen die Klientinnen und Klienten, denen gegenüber sie eine professionelle Verpflichtung hat. Diese beiden Aufträge sind nicht deckungsgleich – und aus dieser Nichtdeckungsgleichheit entstehen die zentralen ethischen Spannungen des Berufs.

Ein konkretes Beispiel verdeutlicht das: Eine Sozialarbeiterin im Allgemeinen Sozialen Dienst erhält den Hinweis, dass ein Kind in einer bestimmten Familie möglicherweise vernachlässigt wird. Ihr Auftrag als staatliche Fachkraft ist es, das Kindeswohl zu schützen – notfalls gegen den Willen der Eltern. Gleichzeitig ist sie Beraterin dieser Familie, die Vertrauen in sie gesetzt hat und Unterstützung erwartet. Diese doppelte Rolle erfordert ein hohes Maß an professioneller Klarheit: Wer bin ich in dieser Situation? Welchen Auftrag erfülle ich gerade? Und wie kommuniziere ich transparent, was meine Aufgabe ist?

Das Dreifache Mandat, wie es von Werner Schütte und anderen weiterentwickelt wurde, ergänzt dieses Konzept um eine dritte Dimension: den eigenen professionellen Standpunkt. Fachkräfte in der Sozialen Arbeit handeln nicht nur im Auftrag des Staates und im Sinne der Klientinnen und Klienten, sondern auch im Rahmen professioneller Standards, Werte und ethischer Prinzipien. Sie sind keine Werkzeuge institutioneller Macht, sondern eigenverantwortliche Professionelle, die im Zweifelsfall auch gegen institutionelle Interessen handeln können und müssen. Das Dreifache Mandat schützt damit sowohl Klientinnen als auch Fachkräfte vor institutionellen Übergriffen.

> **Merke:**
> Das Dreifache Mandat bedeutet: Sozialarbeitende schulden Loyalität gegenüber dem Auftrag des Trägers, dem Wohl der Klientinnen und Klienten – und gegenüber den eigenen professionellen Werten. Wenn diese drei Dimensionen in Konflikt geraten, ist professionelle Reflexion gefragt, keine blinde Gefolgschaft. Wer das Mandatskonzept verinnerlicht hat, ist widerstandsfähiger gegenüber institutionellen Pressionen.

1.5 Soziale Arbeit und ihre gesellschaftliche Funktion

Soziale Arbeit existiert nicht im gesellschaftlichen Vakuum. Sie ist ein Produkt moderner Industriegesellschaften, in denen traditionelle Netzwerke – Familie, Dorfgemeinschaft, Kirche – nicht mehr ausreichen, um alle sozialen Problemlagen aufzufangen. Mit der

Industrialisierung entstanden Massenarmut, soziale Entwurzelung und neue Risikolagen, auf die der Staat zunächst mit Repression, dann zunehmend mit dem Aufbau sozialer Sicherungssysteme antwortete. Soziale Arbeit wurde zum professionellen Arm dieses Systems – aber auch zu seiner Kritikerin.

Aus soziologischer Perspektive erfüllt Soziale Arbeit zwei zentrale gesellschaftliche Funktionen, die miteinander in Spannung stehen: eine integrative Funktion und eine emanzipative Funktion. Die integrative Funktion besteht darin, Menschen in gesellschaftliche Strukturen einzubinden, soziale Inklusion zu fördern und Desintegration entgegenzuwirken. Sie hilft Menschen, am gesellschaftlichen Leben teilzunehmen – am Arbeitsmarkt, an Bildung, an politischer Partizipation. Die emanzipative Funktion zielt darauf ab, Menschen in ihrer Eigenverantwortung, Selbstbestimmung und kritischen Reflexion zu stärken – auch wenn das bedeutet, bestehende gesellschaftliche Strukturen zu hinterfragen oder ihre Klientinnen zur kritischen Auseinandersetzung mit dem System zu ermutigen, das sie benachteiligt.

Diese Doppelfunktion ist keine Schwäche, sondern das, was Soziale Arbeit gesellschaftlich notwendig macht. Eine Soziale Arbeit, die nur kontrolliert und integriert, wird zur verlängerten Hand staatlicher Macht und verliert ihre emanzipative Kraft. Eine Soziale Arbeit, die nur emanzipiert und politisiert, verliert den Kontakt zur sozialen Wirklichkeit ihrer Klientinnen und Klienten und deren unmittelbaren Bedürfnissen. Die professionelle Kunst besteht darin, beide Pole im Blick zu behalten – und situativ zu entscheiden, welche Funktion gerade im Vordergrund steht.

Im deutschen Sozialstaatsmodell ist Soziale Arbeit eng mit dem Subsidiaritätsprinzip verbunden: Hilfe soll zunächst durch die kleinste zuständige Einheit geleistet werden – die Familie, dann die Gemeinde, dann der Verein, dann der Staat. Dieses Prinzip verankert die Rolle der freien Wohlfahrtspflege (Caritas, Diakonie, AWO, Rotes Kreuz, Paritätischer Wohlfahrtsverband und viele andere) als primäre Träger sozialer Dienste und begrenzt gleichzeitig staatliches Handeln. Für die Praxis bedeutet das: Soziale Arbeit ist immer auch Teil einer politischen Ordnung, die bestimmte Werte und Prioritäten verkörpert – und diese Ordnung kann und darf hinterfragt werden.

1.6 Abgrenzung zu verwandten Berufen und Disziplinen

Wer neu in die Soziale Arbeit einsteigt, begegnet oft Verwirrung über die Abgrenzung zu benachbarten Berufen und Disziplinen. Diese Abgrenzung ist in der Praxis fließend, konzeptuell aber wichtig – nicht um Grabenkämpfe zu führen, sondern um das eigene professionelle Profil zu schärfen.

Die Psychologie ist eine Wissenschaft, die menschliches Erleben und Verhalten erforscht. Klinische Psychologinnen und Psychologen behandeln psychische Störungen auf der Basis diagnostischer Kategorien und therapeutischer Interventionen. Soziale Arbeit hingegen versteht psychische Probleme immer auch im sozialen Kontext: Armut, Ausgrenzung, fehlende Ressourcen sind keine Randerscheinungen, sondern häufig die eigentliche Ursache psychischer Belastungen. Sozialarbeitende sind keine Therapeutinnen und Therapeuten – aber sie können beratend tätig sein, müssen psychische Problemlagen erkennen und einschätzen können und arbeiten in vielen Feldern eng mit psychologischen Fachkräften zusammen.

Sozialpädagogik und Soziale Arbeit werden im deutschsprachigen Raum oft synonym verwendet oder unter dem gemeinsamen Begriff Soziale Arbeit zusammengefasst. Historisch lag die Sozialpädagogik stärker im Bereich Erziehung und Bildung – Kinder- und Jugendhilfe, Heimerziehung – während Sozialarbeit eher administrative und einzelfallorientierte Aufgaben übernahm. Diese Unterscheidung ist in der Praxis weitgehend aufgelöst; an Hochschulen werden beide Traditionen meist in einem gemeinsamen Studiengang gelehrt.

Die Erziehungswissenschaft (Pädagogik) ist die Wissenschaft von Bildung und Erziehung in einem umfassenden Sinne. Sie teilt mit der Sozialen Arbeit das Interesse an menschlicher Entwicklung und sozialen Lernprozessen, fokussiert jedoch stärker auf Bildungsinstitutionen und didaktische Fragestellungen. Wichtig ist: In der Praxis arbeiten diese Professionen häufig eng zusammen. Multiprofessionelle Teams aus Sozialarbeitenden, Psychologinnen und Pädagogen sind in vielen Arbeitsfeldern der Standard – nicht die Ausnahme. Wer in solchen Teams arbeitet, braucht ein klares eigenes Profil und gleichzeitig die Bereitschaft, andere Perspektiven zu respektieren.

1.7 Warum Soziale Arbeit? Persönliche und strukturelle Perspektiven

Menschen entscheiden sich aus ganz unterschiedlichen Gründen für die Soziale Arbeit. Manche haben in ihrer eigenen Biografie Soziale Arbeit erlebt – als Kinder in einer Einrichtung, als Jugendliche in der Schulsozialarbeit, als Angehörige pflegebedürftiger Menschen. Diese Erfahrungen können zu einer tiefen Motivation führen: Ich weiß, was Unterstützung bedeutet, und ich möchte das weitergeben. Andere wollen aktiv zur Lösung sozialer Probleme beitragen, weil sie gesellschaftliche Ungerechtigkeit als unerträglich empfinden. Wieder andere wählen die Soziale Arbeit, weil sie Menschen mögen und in einem Beruf arbeiten wollen, in dem zwischenmenschliche Beziehungen im Mittelpunkt stehen.

All diese Motivationen sind legitim. Allerdings sollte spätestens im Laufe des Studiums eine Reflexion dieser Motive stattfinden. Wer aus eigener Verletzungsgeschichte heraus helfend tätig wird, ohne diese Geschichte zu bearbeiten, riskiert, die eigenen Bedürfnisse in die professionelle Beziehung einzubringen – was weder der Klientin noch der Fachkraft dient. Wer aus einem diffusen Wunsch nach Menschennähe kommt, muss lernen, professionelle Distanz zu halten. Und wer die Welt retten will, muss früh lernen, mit kleinen Schritten zufrieden zu sein und sich nicht an zu hohen Erwartungen zu verbrennen.

Aus struktureller Perspektive ist der Bedarf an gut ausgebildeten Fachkräften in der Sozialen Arbeit ungebrochen hoch. Demografischer Wandel, Migrationsgeschehen, psychische Gesundheit als wachsendes gesellschaftliches Thema, digitale Transformation und zunehmende soziale Ungleichheit – all diese Entwicklungen schaffen neue und veränderte Bedarfe. Gleichzeitig ist Soziale Arbeit ein Berufsfeld, das gesellschaftlich noch immer zu wenig Anerkennung und zu wenig Vergütung erhält, obwohl es unverzichtbar ist. Diese Lücke zwischen gesellschaftlicher Relevanz und gesellschaftlicher Wertschätzung ist selbst ein sozialpolitisches Problem, das es zu benennen gilt.

Soziale Arbeit ist kein Beruf für Menschen, die es einfach haben wollen. Sie ist konfrontativ, emotional fordernd, häufig mit bürokratischen Hürden belastet und oft genug mit dem Gefühl verbunden, gegen Windmühlen zu kämpfen. Aber sie ist auch ein Beruf mit tiefem Sinn: Wenn eine Familie aus einer Krise herausfindet, wenn ein junger Mensch seinen Weg entdeckt, wenn eine ältere Person würdevoll durch ihre letzten Lebensjahre begleitet wird – dann ist das Soziale Arbeit auf ihrem höchsten Niveau. Und dafür lohnt es sich.

1.8 Soziale Arbeit im internationalen Vergleich

Das Verständnis von Sozialer Arbeit variiert international erheblich. Im angelsächsischen Raum (USA, UK, Australien) ist Social Work stärker therapeutisch und klinisch ausgerichtet; individuelle Beratung und Psychotherapie spielen eine prominentere Rolle als im deutschsprachigen Raum. Im skandinavischen Modell ist Soziale Arbeit eng mit einem ausgebauten Universalwohlfartsstaat verknüpft; sozialpolitische Einbettung und Prävention haben Vorrang vor reaktiver Hilfe.

Im globalen Süden – insbesondere in Ländern Afrikas, Lateinamerikas und Asiens – hat sich Soziale Arbeit unter völlig anderen Bedingungen entwickelt: schwächere staatliche Wohlfahrtsstrukturen, stärkere Einbindung lokaler Gemeinschaften, andere kulturelle Wissensformen und andere Problemlagen (HIV/AIDS, extreme Armut, Naturkatastrophen, Kindersoldaten). Die IFSW-Definition von 2014 versucht, diese Vielfalt zu berücksichtigen – ohne eine westliche Perspektive zu universalisieren.

Für die Praxis bedeutet der internationale Vergleich: Kein Modell ist alternativlos. Die Fähigkeit, Konzepte und Erfahrungen aus anderen Ländern kritisch aufzugreifen und auf den eigenen Kontext zu übertragen, ist eine wertvolle professionelle Kompetenz. Internationale Fachliteratur lesen, Kongresse besuchen, Austauschprogramme nutzen – das sind Wege, den Horizont zu erweitern und das eigene Handeln in ein größeres Bild einzuordnen.

1.9 Reflexionsaufgaben und Praxisimpulse

Reflexionsaufgaben für Kapitel 1

1. Notieren Sie drei Situationen aus Ihrem eigenen Leben oder Umfeld, in denen Soziale Arbeit eine Rolle gespielt hat oder hätte spielen können. Was haben Sie beobachtet? Was fehlte? 2. Überlegen Sie: Welche gesellschaftlichen Gruppen sind in Deutschland besonders auf Soziale Arbeit angewiesen? Was sind die strukturellen Ursachen dafür? 3. Diskutieren Sie mit Kommilitoninnen: Wie unterscheidet sich professionelle Hilfe von freiwilligem Engagement? Wo sind die Grenzen?

Zusammenfassung Kapitel 1

Soziale Arbeit ist eine eigenständige Profession und akademische Disziplin, die an der Schnittstelle zwischen individuellen Lebenslagen und gesellschaftlichen Strukturen arbeitet. Sie gründet auf den Werten der Menschenrechte und sozialen Gerechtigkeit. Das Dreifache Mandat beschreibt die produktiven Spannungsfelder zwischen staatlichem Auftrag, Klientenwohl und professionellem Ethos. Soziale Arbeit ist kein karitativer Hilfsjob, sondern eine wissenschaftlich fundierte Profession mit unverzichtbarer gesellschaftlicher Relevanz. Wer diesen Beruf wählt, übernimmt Verantwortung – und gewinnt damit auch die Möglichkeit, wirklich etwas zu verändern.

Kapitel 2: Geschichte der Sozialen Arbeit

Von der Armenfürsorge des Mittelalters zur modernen Profession

Geschichte zu kennen bedeutet, die Gegenwart zu verstehen. Soziale Arbeit entstand nicht aus dem Nichts – sie ist das Ergebnis langer gesellschaftlicher Kämpfe, politischer Entscheidungen und engagierter Pionierinnen und Pioniere. Wer heute in einem Jugendamt, einer Beratungsstelle oder einer Einrichtung der Wohnungslosenhilfe arbeitet, steht auf den Schultern all jener, die diese Strukturen mühsam aufgebaut haben. Historisches Wissen schützt außerdem vor einer gefährlichen Naivität: Es zeigt, wie schnell soziale Errungenschaften rückgängig gemacht werden können – und warum es sich lohnt, für sie einzutreten.

2.1 Kirchliche und kommunale Fürsorge im Mittelalter

Fürsorge für Bedürftige ist so alt wie die menschliche Gemeinschaft. Im mittelalterlichen Europa lag die Verantwortung für Arme, Kranke und Fremde überwiegend bei der Kirche. Klöster betrieben Hospitäler, verteilten Almosen und boten Unterkunft für Pilger und Bedürftige. Diese Fürsorge war theologisch motiviert: Wer den Armen half, tat es im Namen Gottes und erwarb sich damit himmlische Verdienste. Der Arme selbst wurde dabei nicht als eigenverantwortliches Subjekt gesehen, das Rechte hätte, sondern als Gelegenheit zur christlichen Nächstenliebe. Diese grundlegende Haltung – der Bedürftige als Objekt der Güte, nicht als Subjekt mit Ansprüchen – sollte noch lange Bestand haben und wirkt in manchen Debatten bis heute nach.

Im späten Mittelalter entstanden erste kommunale Strukturen. Städte richteten Armenkassen ein, führten Register über Bedürftige und versuchten, zwischen würdigen und unwürdigen Armen zu unterscheiden. Als würdig galt, wer durch Krankheit, Alter oder Unglück in Not geraten war; unwürdig waren Bettler, die arbeitsfähig erschienen, aber nicht arbeiteten. Diese Unterscheidung ist historisch bemerkenswert – und zugleich problematisch: Sie setzt implizit voraus, dass Armut eine freiwillige Entscheidung sein könnte, und macht Unterstützung von moralischer Beurteilung abhängig. Diese Logik prägt bis heute politische Debatten über Sozialleistungen.

Mit der Reformation übernahmen protestantische Städte und Territorien zunehmend selbst die Verantwortung für die Armenfürsorge. Martin Luther betonte die Arbeitspflicht und wandte sich gegen das Bettelwesen, das er als Parasitismus betrachtete.

Lutherische Kirchenordnungen enthielten Regelungen über Armenversorgung und schrieben Arbeitshäuser vor – Einrichtungen, in denen Arme unter oft elenden Bedingungen arbeiten mussten. Damit verlagerte sich Fürsorge von der religiösen Gnade zur staatlichen Aufgabe – ein entscheidender Schritt in Richtung moderner Sozialpolitik, wenngleich noch weit entfernt von dem, was wir heute unter sozialem Schutz verstehen.

2.2 Das 18. Jahrhundert: Aufklärung und neue Armutsdiskurse

Die Aufklärung brachte einen grundlegenden Wandel im Verständnis von Armut. Armut wurde nun nicht mehr als gottgewollt oder als Ausdruck persönlichen Versagens verstanden, sondern zunehmend als gesellschaftliches Problem mit strukturellen Ursachen. Philosophen wie Jean-Jacques Rousseau, Adam Smith und später Thomas Malthus diskutierten die Bedingungen menschlicher Ungleichheit und die Verantwortung der Gesellschaft gegenüber ihren schwächsten Mitgliedern – wenn auch mit sehr unterschiedlichen Schlussfolgerungen.

In Deutschland setzte sich im 18. Jahrhundert das sogenannte Hamburger Armenmodell durch, das als frühe Form kommunaler Sozialpolitik gilt. Hamburg richtete 1788 ein stadtweites System der Armenpflege ein, das auf lokalen Ehrenamtlichen – sogenannten Armenvorstehern – und einer detaillierten Fallerfassung beruhte. Jeder Arme wurde individuell erfasst, seine Situation bewertet und eine angemessene Unterstützung festgelegt. Das System war für seine Zeit effizient, aber auch zutiefst kontrollierend: Wer Unterstützung erhielt, musste sich regelmäßig melden, Rechenschaft ablegen und sein Verhalten nach den Vorstellungen der Armenpfleger ausrichten. Auch hier zeigt sich ein Muster, das bis heute nachwirkt: Unterstützung ist an Bedingungen geknüpft, und wer Hilfe bekommt, gibt ein Stück Autonomie ab.

In England entwickelte sich das Armenrecht (Poor Law), das erstmals systematisch staatliche Verantwortung für Bedürftige regelte. Das reformierte Poor Law von 1834 setzte konsequent auf das Prinzip der Abschreckung: Das Leben in Arbeitshäusern sollte so unangenehm sein, dass nur wirklich Bedürftige Zuflucht suchten. Diese unmenschliche Logik löste in England heftige gesellschaftliche Debatten aus – und inspirierte Charles Dickens zu einigen seiner bekanntesten Romane.

2.3 Das 19. Jahrhundert: Industrialisierung und soziale Frage

Die Industrialisierung des 19. Jahrhunderts schuf Probleme in einem bis dahin nicht gekannten Ausmaß. Millionen von Menschen strömten aus ländlichen Regionen in die Städte, lebten in beengten, unhygienischen Verhältnissen, arbeiteten bis zu 14 Stunden täglich unter gefährlichen Bedingungen und hatten keinerlei Absicherung bei Krankheit, Unfall oder Alter. Kinderarbeit war weit verbreitet; Wohnungsnot und Seuchen grassierten in den Arbeitervierteln der schnell wachsenden Industriestädte. Diese Situation wurde als soziale Frage bezeichnet – als die zentrale gesellschaftliche Herausforderung des Zeitalters, die das politische Denken des 19. Jahrhunderts in ganz Europa dominierte.

Die Antworten auf die soziale Frage kamen von sehr verschiedenen Seiten und spiegelten unterschiedliche politische und weltanschauliche Positionen wider. Die aufkommende Arbeiterbewegung kämpfte für bessere Arbeitsbedingungen, politische Rechte und schließlich für die Überwindung des Kapitalismus. Die Kirchen engagierten sich in der Armenfürsorge: Auf katholischer Seite entstand 1897 der Deutsche Caritasverband; auf protestantischer Seite die Innere Mission unter Johann Hinrich Wichern. Das wohlhabende Bürgertum gründete zahlreiche private Vereine und Stiftungen für Arme, Waisen und Kranke – oft verbunden mit einem deutlichen Erziehungsanspruch.

Otto von Bismarck führte in den 1880er Jahren die erste staatliche Sozialversicherung der Welt ein: Krankenversicherung (1883), Unfallversicherung (1884) und Alters- und Invalidenversicherung (1889). Diese Reformen waren kein Ausdruck sozialistischer Überzeugungen – Bismarck war ein konservativer Monarchist –, sondern eine strategische Reaktion auf die wachsende Arbeiterbewegung. Indem der Staat grundlegende Sicherheiten garantierte, sollte die revolutionäre Energie des Proletariats gebändigt werden. Diese Herkunft zeigt: Sozialpolitik entsteht nicht aus purer Nächstenliebe, sondern ist immer auch Interessenpolitik.

2.4 Die Frauenbewegung als Geburtsort moderner Sozialer Arbeit

Die moderne Soziale Arbeit als Profession ist eng mit der Frauenbewegung des späten 19. und frühen 20. Jahrhunderts verbunden. Frauen aus dem Bürgertum, die sich gesellschaftlich engagieren wollten, aber vom Berufsleben und der Hochschulbildung weitgehend ausgeschlossen waren, fanden in der sozialen Arbeit eine Möglichkeit, ihr Potenzial einzubringen und gleichzeitig für ihre eigene gesellschaftliche Emanzipation einzutreten. Die soziale Arbeit war für diese Frauen nicht nur ein Beruf, sondern auch ein politisches Projekt.

Alice Salomon (1872–1948) ist die bedeutendste Figur dieser Bewegung im deutschen Kontext. Sie gründete 1908 in Berlin die erste Soziale Frauenschule Deutschlands und legte damit den Grundstein für die akademische Ausbildung in der Sozialen Arbeit. Salomon entwickelte Konzepte sozialer Diagnostik, plädierte für wissenschaftlich fundierte Methoden und setzte sich für internationale Vernetzung ein – sie war Mitgründerin des Internationalen Verbands der Sozialarbeiterinnen. 1937 wurde sie von den Nationalsozialisten aus Deutschland vertrieben und emigrierte in die USA. Heute ist die Alice Salomon Hochschule in Berlin nach ihr benannt.

In den USA schuf Jane Addams (1860–1935) mit dem Hull House in Chicago ein Modell, das international Schule machte: ein Settlement-Haus, in dem Akademikerinnen und Akademiker direkt in Arbeitersiedlungen zogen, um Bildungsangebote, soziale Beratung und politische Organisation zu ermöglichen. Addams verband soziale Arbeit mit politischem Aktivismus; sie kämpfte für Frauenwahlrecht, Kinderrechte und gegen den Krieg. 1931 erhielt sie den Friedensnobelpreis – als erste Sozialarbeiterin der Geschichte. Ihr Werk zeigt, dass Soziale Arbeit auf ihrem besten Niveau nicht nur Symptome behandelt, sondern gesellschaftliche Verhältnisse verändert.

2.5 Weimarer Republik: Institutionalisierung und Professionalisierung

Die Weimarer Republik (1919–1933) war eine entscheidende Phase für die Soziale Arbeit in Deutschland. Mit der Einführung der Demokratie und einem deutlich ausgebauten Sozialstaat entstanden neue institutionelle Strukturen. Das Reichsjugendwohlfahrtsgesetz von 1922 schuf erstmals einen bundesweiten Rechtsrahmen für die Jugendhilfe und verankerte den Grundsatz, dass jedes deutsche Kind einen Anspruch auf Erziehung zur leiblichen, seelischen und gesellschaftlichen Tüchtigkeit hat. Dies war ein Meilenstein: Soziale Arbeit wurde damit nicht nur zur karitativen Aufgabe, sondern zum staatlich garantierten Recht.

In dieser Phase professionalisierte sich Soziale Arbeit erheblich: Ausbildungsgänge wurden formalisiert und verlängert, Methoden systematisiert und wissenschaftlich begründet, Berufsverbände gegründet. Die Wohlfahrtspflege gliederte sich in das

System der freien Träger ein – Caritas, Diakonie, AWO, Rotes Kreuz und andere –, das bis heute die Struktur der deutschen Sozialen Arbeit prägt. Es war eine Zeit des Aufbruchs und der Innovation – und sie endete jäh.

2.6 Nationalsozialismus: Bruch und Missbrauch

Der Nationalsozialismus bedeutete für die Soziale Arbeit einen tiefen, in vieler Hinsicht noch nicht vollständig aufgearbeiteten Einschnitt. Das professionelle Ethos wurde pervertiert: Soziale Arbeit diente nun nicht mehr der Unterstützung Bedürftiger, sondern der rassistischen Auslese und der ideologischen Disziplinierung. Menschen mit Behinderungen, psychisch Kranke, Menschen, die als asozial galten, Roma, Jüdinnen und Juden und viele andere wurden nicht länger als Klientinnen und Klienten betrachtet, sondern als Bedrohung der Volksgemeinschaft – verfolgt, zwangssterilisiert, deportiert und ermordet.

Viele Fachkräfte passten sich der nationalsozialistischen Ideologie an – aus Überzeugung, aus Opportunismus oder aus Angst. Zahlreiche Pionierinnen der Sozialen Arbeit wurden ins Exil gezwungen oder ermordet. Die Auseinandersetzung mit diesem dunklen Kapitel war in der westdeutschen Sozialen Arbeit lange unzureichend. Erst seit den 1990er Jahren wird intensiver erforscht, in welchem Ausmaß die Soziale Arbeit aktiv an nationalsozialistischen Verbrechen beteiligt war. Diese historische Aufarbeitung ist keine akademische Übung, sondern eine ethische Verpflichtung – und eine Warnung: Professionen können korrumpiert werden, wenn der ethische Kompass verloren geht.

2.7 Nachkriegszeit, Teilung und Wiedervereinigung

Nach 1945 entwickelte sich die Soziale Arbeit in der BRD und der DDR auf sehr unterschiedliche Weise. In der BRD knüpfte man an Weimarer Traditionen an; das System der freien Träger wurde wiederhergestellt, neue Sozialgesetze verabschiedet und Ausbildungsstätten wieder- oder neu eröffnet. Der wirtschaftliche Aufschwung der 1950er und 1960er Jahre schuf Ressourcen für den Aufbau eines umfassenden Wohlfahrtsstaats. In den 1970er Jahren prägten die Studentenbewegung und die Kritische Theorie auch die Soziale Arbeit: Es entstanden emanzipatorische Konzepte, die Soziale Arbeit nicht mehr nur als Hilfe, sondern als gesellschaftspolitische Praxis verstanden.

In der DDR hingegen war Soziale Arbeit als eigenständige Disziplin offiziell nicht anerkannt – das sozialistische System sollte per definitionem soziale Probleme überwinden. In der Praxis gab es natürlich soziale Unterstützungsleistungen, aber sie waren in staatliche Strukturen eingebunden und ideologisch geprägt. Mit der Wiedervereinigung 1990 musste die Soziale Arbeit in den neuen Bundesländern innerhalb kürzester Zeit aufgebaut werden – mit westdeutschen Konzepten und Strukturen, die nicht immer zur ostdeutschen Erfahrungswirklichkeit passten. Die Nachwirkungen dieser Transformationsphase sind in mancherlei Hinsicht bis heute spürbar.

2.8 Alice Salomon im Detail: Pionierin und ihr Werk

Alice Salomon verdient einen genaueren Blick. Als Tochter einer wohlhabenden jüdischen Kaufmannsfamilie in Berlin hätte ihr Leben ganz anders verlaufen können. Stattdessen widmete sie sich der sozialen Arbeit und der Frauenbildung. 1899 trat sie dem Mädchen- und Frauengruppen für soziale Hilfsarbeit bei, der ersten deutschen Frauenorganisation, die soziale Arbeit systematisch ausbildete. 1908 gründete sie die Soziale Frauenschule Berlin, die erste Ausbildungsstätte dieser Art in Deutschland.

Salomon bestand auf einer wissenschaftlichen Fundierung der Sozialen Arbeit. Sie entwickelte das Konzept der sozialen Diagnose – eine systematische Analyse der Gesamtsituation einer Person, ihrer sozialen Einbettung und ihrer Ressourcen. Diese Methode war ihrer Zeit weit voraus und ist in modifizierter Form bis heute aktuell. Sie schrieb zahlreiche Bücher, übersetzte Werke aus dem Englischen und knüpfte internationale Netzwerke.

1937, nach zunehmender Repression durch die Nationalsozialisten, wurde Salomon in ein Verhör der Gestapo bestellt und anschließend aus Deutschland ausgewiesen. Sie emigrierte in die USA, wo sie ihren Lebensabend verbrachte, nie vollständig heimisch wurde und 1948 in New York starb. Ihr Werk war in Deutschland jahrzehntelang wenig bekannt – erst seit den 1980er Jahren erfährt es die ihm gebührende Wertschätzung.

2.9 Reflexionsaufgaben

Reflexionsaufgaben für Kapitel 2

1. Welche Elemente der historischen Armenfürsorge finden Sie in heutigen Sozialpolitiken wieder? Denken Sie an Begriffe wie 'würdige' und 'unwürdige' Arme oder an Arbeitspflichten im SGB II. 2. Welche Lehren zieht die Soziale Arbeit aus dem Nationalsozialismus – und wie wird sichergestellt, dass diese Lehren lebendig bleiben? 3. Recherchieren Sie eine Pionierin oder einen Pionier der Sozialen Arbeit, der Ihnen bisher unbekannt war. Was hat diese Person bewegt und bewirkt?

Zusammenfassung Kapitel 2

Die Geschichte der Sozialen Arbeit zeigt: Diese Profession entstand nicht im Vakuum, sondern als Antwort auf gesellschaftliche Krisen und politische Auseinandersetzungen. Von der kirchlichen Armenfürsorge über die Pionierinnen der Frauenbewegung bis zur institutionalisierten Profession reicht dieser Weg. Der Nationalsozialismus ist ein dunkles Kapitel, das aufgearbeitet werden muss. Historisches Wissen schützt vor naiver Professionsgläubigkeit – und motiviert dazu, die Errungenschaften der Sozialen Arbeit aktiv zu verteidigen.

Kapitel 3: Theoretische Grundlagen der Sozialen Arbeit

Warum Theorie? Weil blinde Praxis in die Irre führt.

Theorie hat in der Sozialen Arbeit manchmal einen schlechten Ruf. Studierende fragen sich, warum sie systemtheoretische Konzepte büffeln sollen, wenn sie doch einfach nur Menschen helfen wollen. Diese Frage ist verständlich – aber sie beruht auf einem Missverständnis. Wer ohne theoretische Brille arbeitet, handelt nicht theorieunabhängig, sondern unreflektiert. Implizite Theorien über Menschen, Gesellschaft und Probleme lenken das Handeln immer – die Frage ist nur, ob sie bewusst oder unbewusst sind. Wer sich nicht explizit mit Theorie auseinandersetzt, wird von seinen impliziten Vorannahmen geleitet, ohne es zu merken.

3.1 Warum braucht Soziale Arbeit Theorien?

Theorien in der Sozialen Arbeit erfüllen mehrere Funktionen gleichzeitig. Erstens helfen sie beim Verstehen: Was ist hier eigentlich das Problem? Handelt es sich um ein individuelles Defizit, um einen familiären Konflikt, um eine strukturelle Benachteiligung oder um eine Kombination all dieser Faktoren? Je nach theoretischem Rahmen fällt die Antwort anders aus – und damit auch die Intervention. Wer ein Problem als individuelles Versagen deutet, wird andere Maßnahmen ergreifen als jemand, der es als Ergebnis struktureller Armut versteht.

Zweitens leiten Theorien das Handeln: Wenn ich die Situation als systemischen Konflikt verstehe, interveniere ich anders, als wenn ich eine individuelle Verhaltensänderung anstrebe. Drittens ermöglichen Theorien Reflexion: Sie geben einen Abstand zur unmittelbaren Erfahrung und erlauben es, das eigene Handeln kritisch zu betrachten. Und viertens schaffen Theorien eine gemeinsame Fachsprache, die professionellen Austausch, Supervision und kollegiale Beratung erleichtert – und professionelle Soziale Arbeit von gutem Willen ohne Konzept unterscheidbar macht.

Ein wichtiger Punkt: In der Sozialen Arbeit gibt es keine allgemeingültige Einheitstheorie. Stattdessen gibt es eine Pluralität von Theorieansätzen, die jeweils unterschiedliche Aspekte sozialer Wirklichkeit beleuchten. Die Kompetenz professioneller Fachkräfte zeigt sich darin, verschiedene Theorien zu kennen, situativ auszuwählen und miteinander zu kombinieren. Dogmatismus – die starre Bindung an eine einzige theoretische Schule – ist in der Sozialen Arbeit so unproduktiv wie Theorielosigkeit.

3.2 Systemtheorie nach Luhmann

Die Systemtheorie – insbesondere in der Fassung des Bielefelder Soziologen Niklas Luhmann (1927–1998) – hat die Soziale Arbeit nachhaltig beeinflusst, wenn auch auf durchaus kontroverse Weise. Luhmann versteht die moderne Gesellschaft als aus funktional ausdifferenzierten Teilsystemen zusammengesetzt: Wirtschaft, Politik, Recht, Erziehung, Gesundheit, Wissenschaft, Kunst und so weiter. Jedes dieser Systeme operiert nach einer eigenen binären Logik (Wirtschaft: zahlen/nicht zahlen; Recht: Recht/Unrecht; Erziehung: besser/nicht-besser) und schließt die Logiken anderer Systeme aus. Systeme kommunizieren miteinander durch strukturelle Kopplung, aber sie sind füreinander grundsätzlich undurchsichtig.

Für die Soziale Arbeit ist dieser Ansatz auf mehreren Ebenen fruchtbar. Er macht deutlich, dass soziale Probleme selten mono-kausal sind, sondern an den Schnittstellen verschiedener Systeme entstehen. Ein wohnungsloser Mensch mit Alkoholabhängigkeit und psychischer Erkrankung ist gleichzeitig Klient des Sozialsystems, Patient im Gesundheitssystem, möglicherweise Beschuldigter im Rechtssystem und Person, die aus dem Wirtschaftssystem exkludiert ist. Keines dieser Systeme allein kann seine Situation angemessen bearbeiten. Soziale Arbeit operiert an diesen Systemgrenzen – als inklusionsermöglichende Instanz.

Die Systemtheorie hat auch eine selbstkritische Dimension: Sie macht sichtbar, dass Soziale Arbeit selbst ein System mit eigener Logik ist, das nicht einfach alle Probleme lösen kann. Sie kann Anschlussmöglichkeiten für Exkludierte schaffen – aber sie kann die Grundstruktur funktionaler Differenzierung nicht überwinden. Kritisch wird an Luhmanns Ansatz angemerkt, dass er eine eher strukturfunktionalistische Perspektive einnimmt und die Handlungsmöglichkeiten von Individuen tendenziell unterschätzt. Dennoch bietet er wertvolle Denkmittel für die Analyse komplexer sozialer Problemlagen.

3.3 Lebensweltorientierung nach Thiersch

Hans Thiersch entwickelte seit den 1970er Jahren das Konzept der Lebensweltorientierung, das zu einem der einflussreichsten deutschsprachigen

Ansätze in der Sozialen Arbeit wurde und 1992 in den Kinder- und Jugendhilfeplan der Bundesregierung einfloss. Der philosophische Ausgangspunkt ist das Konzept der Lebenswelt – ein Begriff, der auf Edmund Husserl und Alfred Schütz zurückgeht und den alltäglichen, subjektiv erlebten Erfahrungsraum bezeichnet, in dem Menschen ihr Leben deuten, gestalten und bewältigen.

Lebensweltorientierte Soziale Arbeit fragt konsequent aus der Perspektive der Betroffenen: Wie erleben Menschen ihre Situation? Was sind – aus ihrer Sicht – die Probleme? Welche Ressourcen haben sie? Welche Bewältigungsstrategien nutzen sie bereits? Dieser Ansatz wendet sich explizit gegen eine defizitorientierte Sichtweise, die Menschen vor allem als Problemträger betrachtet. Stattdessen setzt er auf Partnerschaftlichkeit, Alltagsnähe und die Stärkung vorhandener Kompetenzen. Soziale Arbeit soll den Menschen kommen zu den Menschen – in ihrer Lebenswelt, nicht in der Welt der Institution.

Thiersch formuliert die Lebensweltorientierung entlang dreier zentraler Kategorien: Zeit (die zeitliche Struktur des Alltags, die Erfahrung von Kontinuität und Brüchen, die Bedeutung von Vergangenheit und Zukunft für die Gegenwart), Raum (die räumliche Verwurzelung und die Bedeutung von Orten, Quartieren und Sozialräumen im Leben von Menschen) und soziale Bezüge (Beziehungen, Zugehörigkeiten, Netzwerke, Anerkennungsverhältnisse). Professionelles Handeln muss all diese Dimensionen berücksichtigen, wenn es wirklich an der Lebenswirklichkeit von Klientinnen und Klienten ansetzen will.

3.4 Empowerment

Der Begriff Empowerment – auf Deutsch am treffendsten mit Befähigung, Ermächtigung oder Stärkung zu übersetzen – bezeichnet einen Ansatz, der darauf abzielt, Menschen in die Lage zu versetzen, ihr Leben selbst in die Hand zu nehmen. Empowerment-orientierte Soziale Arbeit versteht sich nicht als Expertenservice, der Probleme von außen löst, sondern als Begleitprozess, der die Selbsthilfekompetenz von Menschen und Gruppen stärkt. Die Fachkraft ist nicht die Löserin, sondern die Ermöglicherin.

Der Empowerment-Ansatz hat seine intellektuellen Wurzeln in der Bürgerrechtsbewegung der USA, der Behindertenrechtsbewegung, der feministischen Theorie und der Gemeinwesenarbeit der 1960er Jahre. In die Soziale Arbeit eingeführt wurde der Begriff durch den US-amerikanischen Psychologen Julian Rappaport (1981);

im deutschsprachigen Raum hat ihn insbesondere Norbert Herriger ausgearbeitet. Empowerment reagiert auf die Gefahr eines paternalistischen Sozialstaats, der Abhängigkeiten schafft, statt Selbstständigkeit zu fördern – eine Gefahr, die in der Geschichte der Fürsorge immer wieder virulent wurde.

In der Praxis bedeutet Empowerment: Menschen als Expertinnen und Experten ihrer eigenen Situation ernst nehmen und ihre Deutungen nicht durch professionelle Expertenmeinungen ersetzen. Es bedeutet, Stärken und Ressourcen in den Vordergrund zu stellen, statt Defizite zu katalogisieren. Es bedeutet, kollektive Selbsthilfe und gegenseitige Unterstützung zu fördern, anstatt individuelle Betreuung zu maximieren. Und es bedeutet, strukturelle Hindernisse zu thematisieren und politisch zu benennen – nicht nur individuelle Lösungen zu suchen.

3.5 Salutogenese und Resilienz

Das Konzept der Salutogenese (von lat. salus = Gesundheit, gr. genesis = Entstehung), entwickelt vom deutsch-amerikanischen Medizinsoziologen Aaron Antonovsky (1923– 1994), fragt nicht: Was macht Menschen krank? – sondern: Was erhält Menschen gesund, auch unter schwierigen Bedingungen? Diese Perspektivumkehr war für die Soziale Arbeit wegweisend. Antonovsky zufolge ist Gesundheit kein stabiler Zustand, sondern ein dynamisches Gleichgewicht auf einem Kontinuum zwischen absoluter Gesundheit und absoluter Krankheit. Dieses Gleichgewicht wird durch das sogenannte Kohärenzgefühl (Sense of Coherence, SOC) gestützt – eine generalisierte Lebenshaltung, die drei Komponenten umfasst: Verstehbarkeit (das Leben und seine Anforderungen sind erklärbar und vorhersehbar), Handhabbarkeit (ich verfüge über Ressourcen, um mit den Anforderungen umzugehen) und Bedeutsamkeit (es lohnt sich, für das Leben Energie aufzuwenden, weil es sinnvoll ist).

Das verwandte Konzept der Resilienz bezeichnet die Fähigkeit, trotz widriger, bedrohlicher oder stark stressreicher Umstände psychisch gesund zu bleiben oder nach Belastungen wieder aufzufinden. Resilienzforschung zeigt überzeugend, dass diese Fähigkeit keine angeborene, unveränderliche Eigenschaft ist, sondern durch schützende Faktoren gefördert werden kann: stabile Bindungsbeziehungen zu mindestens einer verlässlichen Bezugsperson, soziale Unterstützung durch Peers und Gemeinschaft, das Erleben von Selbstwirksamkeit und Kontrolle, das Vorhandensein sinnstiftender Orientierungen und die Fähigkeit zur Emotionsregulation.

Für die Soziale Arbeit bedeuten Salutogenese und Resilienz eine konsequente Ressourcenorientierung: Statt nach Defiziten zu suchen, wird systematisch gefragt, was diesen Menschen Halt gibt, wer ihre verlässlichen Bezugspersonen sind, welche Bewältigungsstrategien sie bereits entwickelt haben und wie diese gestärkt werden können. Diese Haltung verändert die professionelle Beziehung fundamental – und macht sie humaner.

3.6 Kritische Soziale Arbeit und politische Perspektiven

Kritische Ansätze in der Sozialen Arbeit hinterfragen, ob die Profession tatsächlich emanzipativ wirkt oder ob sie – trotz guter Absichten – zur Reproduktion sozialer Ungleichheit beiträgt. Inspiriert von der Kritischen Theorie der Frankfurter Schule (Horkheimer, Adorno, Habermas), von Antonio Gramscis Hegemoniekonzept und später von Michel Foucaults Machtanalysen, fragen kritische Sozialarbeitstheorien: Welche Machtstrukturen bestimmen, wer als hilfsbedürftig gilt? Wessen Normen werden durchgesetzt? Und wessen Interessen vertritt die Profession letztlich?

Foucaults Konzept der Gouvernementalität – die Art, wie Menschen durch subtile Normierungen, Selbsttechnologien und institutionelle Mechanismen regiert werden – wurde fruchtbar gemacht, um zu analysieren, wie Soziale Arbeit selbst Normen setzt und Menschen nach bestimmten Mustern sortiert: funktionsfähig/dysfunktional, therapierbar/untherapierbar, integrationswillig/verweigert. Kritische Soziale Arbeit fragt: Wessen Normalität wird hier durchgesetzt? Und zu wessen Vorteil?

Diese Fragen sind unbequem – und das ist genau ihre Funktion. Kritische Theorie in der Sozialen Arbeit ist kein politisches Manifest, sondern ein Mittel zur professionellen Selbstreflexion und zur gesellschaftspolitischen Verortung. Eine Profession, die sich nicht fragt, ob sie Teil des Problems sein könnte, riskiert, systemstabilisierende Funktionen zu erfüllen, statt emanzipatorisch zu wirken. Kritische Soziale Arbeit und institutionelle Einbindung schließen sich dabei nicht aus – aber sie erfordern permanente Auseinandersetzung.

3.7 Integration: Theoriepluralismus in der Praxis

Keine einzelne Theorie erklärt alle sozialen Probleme vollständig. Professionelle Soziale Arbeit zeichnet sich durch einen reflektierten Theoriepluralismus aus: Die Fähigkeit, verschiedene theoretische Linsen situationssensibel zu nutzen und zu begründen, warum man in diesem Fall diesen Ansatz wählt. Eine Kollegin, die im Gespräch mit einem adoleszenten Jugendlichen systemische Zirkulärfragen einsetzt, eine andere Fachkraft, die in der Stadtteilarbeit mit Gemeinwesenansätzen arbeitet, eine dritte, die in der psychiatrischen Sozialarbeit Salutogenese und Empowerment verbindet – alle handeln theoriegeleitet, ohne auf eine einzige Schule festgelegt zu sein.

3.8 Praxisbeispiel: Theorien in Aktion

Stellen wir uns vor: Eine 35-jährige Frau, Mutter von zwei Kindern, kommt in eine Beratungsstelle. Ihr Partner hat sie verlassen; sie ist arbeitslos, verschuldet und erschöpft. Sie sagt: Ich schaffe das nicht mehr. Wie reagiert eine Fachkraft, die theoretisch informiert ist?

Aus systemtheoretischer Perspektive: Die Frau ist aus mehreren Systemen gleichzeitig exkludiert oder in ihnen belastet – Arbeitsmarkt, Finanzsystem, soziales Netz. Eine Intervention muss mehrere Systeme ansprechen und koordinieren. Aus lebensweltorientierter Perspektive: Wie erlebt die Frau ihre Situation? Was macht für sie Sinn? Was gibt ihr Halt? Was braucht sie konkret, um ihren Alltag zu strukturieren? Aus Empowerment-Perspektive: Welche Ressourcen hat sie, die sie gerade nicht wahrnimmt? Was hat sie früher in Krisen geholfen? Welche Unterstützung aus ihrem Netz kann aktiviert werden?

Keine dieser Perspektiven allein ist ausreichend. Professionelle Kompetenz besteht darin, sie zu integrieren – in einem Gespräch, das zuhört, fragt, einschätzt und zusammmen mit der Frau nächste Schritte entwickelt. Theorie ist damit nicht abstrakte Übung, sondern die Brille, durch die man die Situation klarer sieht.

3.9 Reflexionsaufgaben

Reflexionsaufgaben für Kapitel 3

1. Wählen Sie eine theoretische Perspektive (z.B. Systemtheorie, Lebensweltorientierung, Empowerment) und wenden Sie sie auf eine Situation an, die Sie kennen. Was sehen Sie, was ohne diese Brille unsichtbar geblieben wäre? 2. Wo sehen Sie Grenzen Ihres bevorzugten Theorierahmens? Was kann er nicht erklären? 3. Diskutieren Sie: Sollte Soziale Arbeit eine einheitliche Basistheorie haben, oder ist Theorienvielfalt eine Stärke?

> **Zusammenfassung Kapitel 3**
>
> Theorie ist kein akademischer Luxus, sondern professionelle Notwendigkeit. Systemtheorie, Lebensweltorientierung, Empowerment, Salutogenese, Resilienz und kritische Ansätze bieten je unterschiedliche Perspektiven auf soziale Probleme und Interventionsmöglichkeiten. Professionelle Kompetenz zeigt sich im reflektierten Umgang mit dieser Theorievielfalt: situationssensibel auswählen, kombinieren, begründen – und das eigene Handeln immer wieder kritisch hinterfragen.

Kapitel 4: Arbeitsfelder der Sozialen Arbeit

Ein Beruf – unzählige Orte, Menschen und Aufgaben

Soziale Arbeit findet nicht an einem einzigen Ort statt. Sie ist in Kindergärten und Gefängnissen, in Krankenhäusern und auf der Straße, in Schulen und in der internationalen Entwicklungszusammenarbeit tätig. Diese Vielfalt ist Stärke und Herausforderung zugleich: Stärke, weil Menschen in ganz unterschiedlichen Lebenslagen und -phasen erreicht werden können; Herausforderung, weil es keine universelle Methode gibt, die überall gleich funktioniert – und weil jede Fachkraft in der Ausbildung und im Berufsleben Entscheidungen über Schwerpunkte treffen muss.

4.1 Kinder- und Jugendhilfe

Die Kinder- und Jugendhilfe ist das quantitativ größte und in vieler Hinsicht bekannteste Arbeitsfeld der Sozialen Arbeit in Deutschland. Sie umfasst alle Angebote und Leistungen, die auf die Förderung, Unterstützung und den Schutz von Kindern, Jugendlichen und ihren Familien ausgerichtet sind. Rechtsgrundlage ist das Achte Sozialgesetzbuch (SGB VIII), das seit seiner Verabschiedung 1990 mehrfach reformiert wurde und ein breites Spektrum von Leistungen regelt: von der Kindertagesbetreuung über Erziehungsberatung und ambulante Hilfen bis zur stationären Heimerziehung und dem Kinderschutz.

Innerhalb der Kinder- und Jugendhilfe gibt es eine Vielzahl von Tätigkeitsbereichen mit unterschiedlichen Schwerpunkten: Der Allgemeine Soziale Dienst (ASD) im Jugendamt ist Anlaufstelle für Familien in Krisen und zugleich staatliche Kontrollinstanz im Kinderschutz. Ambulante Erziehungshilfen (Sozialpädagogische Familienhilfe, Erziehungsbeistandschaft, Intensive Sozialpädagogische Einzelbetreuung) begleiten Familien in ihrer eigenen Lebenswelt. Stationäre Einrichtungen (Heime, Wohngruppen, Pflegefamilien) bieten jungen Menschen außerhalb der Herkunftsfamilie einen sicheren Lebensort. Offene Kinder- und Jugendarbeit, Schulsozialarbeit, Jugendberufshilfe und Streetwork ergänzen das Spektrum.

Besondere Bedeutung hat der Kinderschutz: Die Einschätzung einer Kindeswohlgefährdung nach § 8a SGB VIII ist eine der anspruchsvollsten und verantwortungsvollsten Aufgaben in der Sozialen Arbeit. Sie erfordert fachliches Wissen über kindliche Entwicklung, Misshandlung und Vernachlässigung, Erfahrung in der Risikoeinschätzung, kollegiale Rückendeckung durch Teambesprechungen und die Bereitschaft, auch bei Unsicherheit handlungsfähig zu bleiben. Fehler im Kinderschutz haben oft dramatische Folgen – und sind dennoch nicht immer vermeidbar, wenn die Ressourcen zu knapp und die Fallzahlen zu hoch sind.

4.2 Soziale Arbeit mit Familien

Familien sind in nahezu allen Arbeitsfeldern der Sozialen Arbeit präsent – als Kontext von Klientinnen und Klienten, als eigenständige Klientsysteme oder als Ressource. Familienorientierte Soziale Arbeit betrachtet die Familie nicht als statische Einheit, sondern als dynamisches System, das sich verändert, in Krisen gerät und Unterstützung brauchen kann. Sie arbeitet partnerschaftlich mit Familien – nicht über sie hinweg.

Angebote der familienunterstützenden Sozialen Arbeit reichen von niedrigschwelligen Familienzentren über Erziehungsberatungsstellen bis zur Sozialpädagogischen Familienhilfe (SPFH), bei der Fachkräfte Familien über Monate oder Jahre hinweg direkt in der Wohnung begleiten. Die SPFH gilt als ressourcenintensives, aber bei entsprechend belasteten Familien nachweislich wirksames Instrument. Besondere Herausforderungen entstehen in Familien mit einem psychisch erkrankten Elternteil, in Familien mit einem suchterkrankten Mitglied oder in Familien, die durch Migration, Flucht und Diskriminierung geprägt sind.

4.3 Soziale Arbeit mit älteren Menschen

Der demografische Wandel macht Soziale Arbeit mit älteren Menschen zu einem der am schnellsten wachsenden Arbeitsfelder. Menschen werden älter und leben länger, haben häufig Unterstützungsbedarf, der weit über pflegerische Versorgung hinausgeht – und sind manchmal trotz objektiver Ressourcen von sozialer Isolation und Einsamkeit bedroht. Tätigkeitsbereiche umfassen die ambulante Sozialberatung für Seniorinnen und Senioren, Soziale Arbeit in stationären Einrichtungen sowie die Hospiz- und Palliativarbeit, die Menschen in der letzten Lebensphase und ihre Angehörigen begleitet. Letztere hat sich in den vergangenen Jahrzehnten stark professionalisiert und ist heute ein eigenständiges, hoch anspruchsvolles Arbeitsfeld.

4.4 Soziale Arbeit mit Menschen mit Behinderungen

Soziale Arbeit im Bereich Behinderung hat sich durch die UN-Behindertenrechtskonvention (2009 in Deutschland ratifiziert) und das Bundesteilhabegesetz (BTHG, vollständig in Kraft seit 2020) grundlegend verändert. Das Paradigma verschob sich von Fürsorge und Betreuung hin zu Teilhabe, Selbstbestimmung und Inklusion. Menschen mit Behinderungen sind nicht länger passive Empfängerinnen von Hilfe, sondern aktive Gestalterinnen ihres Lebens – mit dem Recht auf eine gleichberechtigte Teilhabe an allen gesellschaftlichen Bereichen. Für die Soziale Arbeit bedeutet das: Unterstützungsangebote konsequent am individuellen Bedarf und den eigenen Wünschen der Betroffenen ausrichten – nicht an institutionellen Angeboten.

4.5 Soziale Arbeit im Gesundheitswesen

Klinische Sozialarbeit findet in Krankenhäusern, Rehabilitationseinrichtungen, psychiatrischen Kliniken und ambulanten Gesundheitseinrichtungen statt. Die Kernaufgabe besteht darin, die soziale Dimension von Erkrankungen zu bearbeiten: Wie verändert eine schwere Diagnose das Leben eines Menschen? Was braucht eine Patientin nach dem Krankenhausaufenthalt, um wieder in ihren Alltag zurückzufinden? Welche sozialen Ressourcen und Netzwerke stehen ihr zur Verfügung? Sozialarbeitende koordinieren Entlassungen, organisieren Pflegeleistungen, beraten zu Leistungsansprüchen und begleiten Menschen in psychosozialen Krisen. Sie arbeiten in interdisziplinären Teams und müssen dabei ihre eigene professionelle Perspektive klar und selbstbewusst einbringen.

4.6 Wohnungslosenhilfe und Suchthilfe

Wohnungslosigkeit ist eine der sichtbarsten Formen sozialer Ausgrenzung. Die Wohnungslosenhilfe umfasst Tagesaufenthaltsstätten, Notunterkünfte, betreutes Wohnen, Streetwork und aufsuchende Sozialarbeit. Sie arbeitet nach dem Prinzip des niedrigschwelligen Zugangs: Wer Unterstützung braucht, soll diese erhalten können, ohne bürokratische Hürden überwinden zu müssen. Das sogenannte Housing First-Prinzip – zuerst stabile Unterkunft, dann alles andere – hat sich international als besonders wirksam erwiesen.

Suchthilfe richtet sich an Menschen mit problematischem Konsum von Alkohol, illegalen Drogen, Medikamenten oder Verhaltensweisen wie Glücksspiel oder übermäßige

Internetnutzung. Sie reicht von niedrigschwelliger Schadensminimierung (Harm Reduction: Drogenkonsumräume, Nadeltausch, substituierende Behandlung) über ambulante und stationäre Beratung und Therapie bis zur Nachsorge und Selbsthilfe. Sucht wird heute weitgehend als chronische Erkrankung verstanden – nicht als moralisches Versagen.

4.7 Internationale Soziale Arbeit

Internationale Soziale Arbeit umfasst Tätigkeiten in der Entwicklungszusammenarbeit, in der humanitären Hilfe, in der Flüchtlings- und Migrationsarbeit und in der Begleitung transnationaler Familien. Sie erfordert interkulturelle Kompetenz, Kenntnisse internationaler Menschenrechtsdokumente und die Bereitschaft, eigene kulturelle Annahmen zu hinterfragen. Auch innerhalb Deutschlands hat die internationale Dimension der Sozialen Arbeit massiv an Bedeutung gewonnen: Migrationsberatung, Flüchtlingssozialarbeit, die Begleitung unbegleiteter minderjähriger Flüchtlinge und die interkulturelle Öffnung sozialer Einrichtungen sind Aufgaben, die ohne internationale Perspektive nicht angemessen bewältigt werden können.

4.8 Schulsozialarbeit als wachsendes Arbeitsfeld

Schulsozialarbeit ist in den vergangenen zwei Jahrzehnten zu einem der am stärksten wachsenden Arbeitsfelder in Deutschland geworden. Sozialarbeitende sind fest in Schulen integriert und arbeiten direkt mit Schülerinnen, Lehrkräften und Eltern zusammen. Sie unterstützen Kinder und Jugendliche bei persönlichen Problemen, schulischen Schwierigkeiten und sozialen Konflikten; sie vermitteln bei Konflikten zwischen Schülerinnen oder zwischen Schule und Eltern; sie koordinieren Übergänge zwischen Schule und Beruf; und sie führen präventive Gruppenangebote durch.

Schulsozialarbeit ist strukturell anspruchsvoll, weil Sozialarbeitende in einer Institution arbeiten, die primär Bildung und nicht Fürsorge zum Ziel hat. Die schulische Logik – Noten, Leistung, Disziplin – ist eine andere als die sozialpädagogische Logik. Fachkräfte müssen ihre Rolle klar definieren, transparent kommunizieren und gelegentlich die Interessen von Schülerinnen gegenüber institutionellen Ansprüchen vertreten. Eine gute Schulsozialarbeit pflegt enge Kooperationen mit Lehrkräften – ohne sich deren Logik zu unterwerfen.

4.9 Straffälligenhilfe und Bewährungshilfe

Ein oft übersehenes, aber gesellschaftlich bedeutsames Arbeitsfeld ist die Arbeit mit straffällig gewordenen Menschen. Bewährungshilfe begleitet Menschen, die aus einer Haftstrafe entlassen werden oder deren Strafe zur Bewährung ausgesetzt wurde. Ziel ist Resozialisierung: die Rückkehr in die Gesellschaft, die Stabilisierung in Wohnen, Arbeit und sozialen Beziehungen, und die Unterstützung bei der Bewältigung der Faktoren, die zur Straftat geführt haben.

Straffälligenhilfe ist geprägt vom Dreifachen Mandat auf besonders eindringliche Weise: Die Bewährungshelferin ist Beziehungspartnerin für den Klienten, aber auch in einem rechtlichen Auftragsverhältnis gegenüber dem Gericht, dem sie regelmäßig Bericht erstattet. Diese Rolle erfordert äußerste Transparenz gegenüber dem Klienten: Er muss wissen, was berichtet wird – und warum.

Reflexionsaufgaben für Kapitel 4

1. Recherchieren Sie ein Arbeitsfeld, das Sie bisher nicht kannten. Was sind die spezifischen fachlichen Anforderungen? Welche Aspekte überraschen Sie? 2. Diskutieren Sie: In welchen Arbeitsfeldern ist das Spannungsverhältnis zwischen Kontrolle und Unterstützung am stärksten? Wie gehen Fachkräfte damit um? 3. Welches Arbeitsfeld zieht Sie persönlich am meisten an – und warum?

Zusammenfassung Kapitel 4

Die Arbeitsfelder der Sozialen Arbeit sind so vielfältig wie die Lebenslagen und Lebensphasen von Menschen. In allen Feldern braucht es spezifisches Fachwissen und Methodenkompetenz – und die Fähigkeit, das eigene Handeln immer wieder an den Lebenswirklichkeiten der betroffenen Menschen auszurichten, anstatt institutionelle Routinen zu reproduzieren.

Kapitel 5: Methoden der Sozialen Arbeit

Professionelles Handeln braucht mehr als gute Absichten

Eine Methode ist mehr als eine Technik. Sie ist ein systematisches, begründetes Vorgehen, das auf Theorie beruht, ethischen Prinzipien folgt und auf ein konkretes Ziel ausgerichtet ist. In der Sozialen Arbeit gibt es eine Vielzahl von Methoden – von der klassischen Einzelfallhilfe über Gruppenarbeit und Gemeinwesenarbeit bis zu modernen systemischen Beratungsansätzen und digitalen Interventionsformen. Methodenkompetenz ist eine Kernkompetenz professioneller Sozialer Arbeit – nicht um Methoden schematisch anzuwenden, sondern um situationssensibel, begründet und flexibel zu handeln.

5.1 Was ist eine Methode?

Der Begriff Methode wird in der Sozialen Arbeit auf verschiedenen Ebenen verwendet. Im engeren Sinne bezeichnet er spezifische Handlungsschritte oder Techniken – etwa das Genogramm in der Familienarbeit, das strukturierte Erstgespräch in der Beratungsstelle oder die Aktivierungsübung in der Gruppenarbeit. Im weiteren Sinne meint Methode einen übergreifenden Ansatz oder eine Handlungskonzeption, die verschiedene Techniken bündelt und durch eine gemeinsame Theorie und Zielperspektive zusammenhält – etwa das Case Management, die Gemeinwesenarbeit oder die systemische Beratung.

Methoden sind kein Selbstzweck. Sie müssen zu den Zielen der Intervention, zur Situation der Klientinnen und Klienten und zum jeweiligen institutionellen Kontext passen. Eine Methode, die in der Suchtberatung hervorragend funktioniert, kann in der Jugendarbeit fehl am Platz sein. Methodenkompetenz bedeutet nicht, möglichst viele Techniken zu beherrschen, sondern situationsangemessen und begründet vorzugehen. Eine erfahrene Sozialarbeiterin zeichnet sich nicht dadurch aus, dass sie immer dasselbe macht, sondern dadurch, dass sie ihr Repertoire klug einsetzt und ihr Vorgehen reflektieren kann.

5.2 Einzelfallhilfe und Case Management

Die Einzelfallhilfe (Case Work) ist eine der ältesten und zentralsten Methoden der Sozialen Arbeit. Sie geht auf Mary Richmond zurück, die 1917 in ihrem bahnbrechenden Werk Social Diagnosis erstmals eine systematische Methodik der

Einzelfallarbeit beschrieb. Einzelfallhilfe konzentriert sich auf die individuelle Person mit ihrer spezifischen Problemlage, Biografie, ihren Ressourcen und ihrem sozialen Umfeld. Sie nimmt die Person ganzheitlich in den Blick – nicht nur das präsentierte Problem.

Case Management ist eine Weiterentwicklung der Einzelfallhilfe, die besonders in komplexen Hilfesituationen eingesetzt wird, in denen Leistungen verschiedener Träger und Systeme koordiniert werden müssen. Der Case Manager übernimmt die koordinierende Funktion, stellt sicher, dass die Hilfen ineinandergreifen, und behält den Überblick über den Gesamtprozess. Phasen des Case Managements sind: Assessment (umfassende Situationsanalyse), Zielplanung, Hilfeplan-Erstellung, Koordination der Umsetzung, Monitoring und Evaluation. Case Management wird in der psychiatrischen Versorgung, der Rehabilitation, der Jugendhilfe und zunehmend auch in der Altenhilfe eingesetzt.

Eine wichtige Weiterentwicklung ist das Systemische Case Management, das die Einbettung der Klientin in soziale Systeme stärker berücksichtigt und familiäre, soziale und institutionelle Ressourcen gezielt einbezieht. Case Management darf dabei nicht zur bloßen Ressourcenkoordination verkommen – die professionelle Beziehung zur Klientin bleibt der Kern.

5.3 Soziale Gruppenarbeit

Soziale Gruppenarbeit nutzt die Gruppe als primären Kontext für Lernen, Veränderung und gegenseitige Unterstützung. Die Grundidee: Menschen in ähnlichen Lebenslagen können voneinander lernen, sich gegenseitig bestätigen und gemeinsam Lösungen entwickeln – auf eine Weise, die professionelle Einzelarbeit nicht leisten kann. Gruppenarbeit findet in sehr unterschiedlichen Settings statt: in Selbsthilfegruppen (ohne professionelle Leitung oder mit professioneller Unterstützung), in therapeutischen Gruppen, in Lerngruppen, in erlebnispädagogischen Angeboten oder in der offenen Jugendarbeit.

Die Gruppenarbeit erfordert spezifische methodische Kompetenzen, die in der Einzelarbeit nicht gebraucht werden: die Phasen der Gruppenentwicklung (Forming, Storming, Norming, Performing, Adjourning nach Tuckman) kennen und gestalten; Konflikte innerhalb der Gruppe moderieren, ohne Partei zu ergreifen; Prozesse des gegenseitigen Lernens initiieren; eine Atmosphäre von Vertrauen und Offenheit schaffen. Gruppenleitung ist keine passive Begleitung, sondern aktive Prozessgestaltung – mit dem Ziel, die Gruppe zunehmend unabhängig von professioneller Führung zu machen.

5.4 Gemeinwesenarbeit

Gemeinwesenarbeit (GWA) richtet sich nicht an Individuen oder Familien, sondern an Gemeinschaften, Stadtteile oder soziale Räume. Sie fragt: Welche Ressourcen gibt es in diesem Quartier? Welche Probleme beschäftigen die Bewohnerinnen und Bewohner? Wie können kollektive Handlungsfähigkeit und Selbstorganisation gestärkt werden? Wie lassen sich lokale Akteure – Vereine, Schulen, Kirchengemeinden, Unternehmen, engagierte Einzelpersonen – vernetzen und koordinieren?

Klassische Instrumente der GWA sind die Sozialraumanalyse (systematische Erfassung von Ressourcen, Bedarfen und sozialen Strukturen im Quartier), die Mobilisierung von Bewohnerinnen und Bewohnern (durch Bürgerversammlungen, Beteiligungsformate, Bürgerinitiativen), die Unterstützung von Selbstorganisation (durch Begleitung von Vereinen, Initiativen und informellen Gruppen) und Gemeinwesenentwicklung als langfristiger Prozess. GWA denkt in Strukturen und Prozessen, nicht in Einzelfällen – und schließt damit die Lücke zwischen individueller Hilfe und gesellschaftspolitischer Intervention.

5.5 Beratung in der Sozialen Arbeit

Beratung ist eine der häufigsten Tätigkeiten in der Sozialen Arbeit und gleichzeitig eine der methodisch anspruchsvollsten. Soziale Beratung unterscheidet sich von psychotherapeutischer Behandlung: Sie ist niedrigschwelliger, kürzer und stärker auf konkrete Lebenssituationen ausgerichtet. Dennoch erfordert professionelle Beratung fundierte Kenntnisse in Gesprächsführung, Klientenorientierung und Methodensicherheit.

Verbreitete Beratungsansätze in der Sozialen Arbeit sind: die lösungsfokussierte Beratung nach Steve de Shazer und Insoo Kim Berg (Fokus auf Ressourcen, Ausnahmen vom Problem und machbare Lösungsschritte), die systemische Beratung (Fokus auf Beziehungen, Muster, zirkuläre Dynamiken und Kontextbedingungen) und die personzentrierte Beratung nach Carl Rogers (Fokus auf bedingungslose Wertschätzung, Empathie und Kongruenz als Basis für Veränderung). In der Praxis arbeiten erfahrene Fachkräfte integrativ und wechseln je nach Situation zwischen verschiedenen Ansätzen.

5.6 Dokumentation und Fallsteuerung

Methoden der Sozialen Arbeit umfassen auch administrative und steuernde Instrumente: Fallakten, Hilfepläne, Protokolle, Zielvereinbarungen, Berichte und Evaluationsinstrumente. Diese Dokumentation ist keine lästige Pflicht, sondern professionelles Handwerkzeug mit mehreren Funktionen: Sie sichert Kontinuität im Hilfeprozess (auch wenn Fachkräfte wechseln), schafft Verbindlichkeit für vereinbarte Ziele, ermöglicht Reflexion über Wirksamkeit und Erfolge und schützt beide Seiten in rechtlichen Auseinandersetzungen.

Der Hilfeplan nach § 36 SGB VIII ist ein Beispiel für ein Instrument, das Beratung, Zielvereinbarung und administrative Steuerung verbindet. Er entsteht im Dialog zwischen Fachkraft, Kind oder Jugendlichem und Eltern und beschreibt, welche Hilfen gewährt werden, welche Ziele damit verfolgt werden und wie die Zielerreichung überprüft wird. Der Hilfeplan ist damit ein Instrument partizipativer Fallarbeit – wenn er gut gemacht wird.

5.7 Soziale Diagnostik und Ressourcenorientierung

Soziale Diagnostik bezeichnet die systematische Analyse einer sozialen Situation mit dem Ziel, ein differenziertes Bild zu gewinnen, das als Grundlage für Interventionsentscheidungen dient. Sie ist weit älter als der Begriff: Mary Richmond sprach bereits 1917 von Social Diagnosis. Moderne soziale Diagnostik integriert verschiedene Perspektiven: die Selbstwahrnehmung der Klientinnen, die Einschätzungen von Fachkräften, Informationen aus dem sozialen Umfeld und formale Assessmentinstrumente.

Ressourcenorientierte Diagnostik fragt systematisch nach Stärken, Schutzfaktoren und Ressourcen – statt ausschließlich nach Defiziten und Risiken. Instrumente wie das Eco-Map (grafische Darstellung sozialer Netzwerke und ihrer Qualität) oder die Ressourcenkarte helfen, Ressourcen sichtbar zu machen, die im Gespräch möglicherweise übersehen werden. Eine konsequente Ressourcenorientierung verändert nicht nur die Diagnostik, sondern die gesamte professionelle Beziehung: Klientinnen werden als Expertinnen ihrer eigenen Situation ernst genommen.

5.8 Partizipation und Ko-Produktion

Partizipation – die aktive Beteiligung von Klientinnen und Klienten an Planungs-, Entscheidungs- und Evaluationsprozessen – ist ein zentrales Prinzip zeitgemäßer Sozialer Arbeit. Sie ist kein Luxus, sondern eine fachliche Anforderung und häufig eine rechtliche: Hilfepläne nach SGB VIII müssen partizipativ erarbeitet werden. Partizipation reicht dabei von der Information (Klientinnen werden informiert) über die Konsultation (ihre Meinungen werden gehört) bis zur Mitentscheidung und Ko-Produktion (sie gestalten Angebote aktiv mit).

Ko-Produktion geht noch weiter: Ehemalige Klientinnen werden als Expertinnen durch eigene Erfahrung in die Entwicklung neuer Angebote einbezogen. In der Psychiatrie, in der Suchthilfe und in der Wohnungslosenhilfe entstehen zunehmend Projekte, in denen Betroffene Betroffene unterstützen (Peer-Support). Diese Entwicklung verändert das traditionelle Fachkraft-Klienten-Verhältnis grundlegend – und eröffnet neue Möglichkeiten für emanzipative Soziale Arbeit.

Reflexionsaufgaben für Kapitel 5
1. Welche Methode erscheint Ihnen für das Arbeitsfeld, das Sie interessiert, besonders relevant – und warum? 2. Wählen Sie eine Situation und wenden Sie das Vier-Phasen-Modell des Case Managements darauf an. Was ergibt sich? 3. Diskutieren Sie: Wie kann Partizipation authentisch sein, wenn Fachkräfte gleichzeitig Kontrollfunktionen ausüben?

Zusammenfassung Kapitel 5
Methoden der Sozialen Arbeit sind systematische, theoretisch begründete Handlungsweisen. Einzelfallhilfe, Case Management, Gruppenarbeit, Gemeinwesenarbeit und Beratung sind die klassischen Methoden; ergänzt durch Instrumente der Dokumentation und Fallsteuerung. Methodenkompetenz bedeutet: situationsangemessen wählen, begründet handeln und kontinuierlich reflektieren – im Dienst der Klientinnen und Klienten, nicht im Dienst methodischer Systeme.

Kapitel 6: Ethik und professionelle Haltung

Werte sind keine Dekoration – sie sind das Fundament

Ethik ist in der Sozialen Arbeit kein akademisches Randthema, sondern konstitutiver Bestandteil professionellen Handelns. Täglich treffen Fachkräfte Entscheidungen, die das Leben von Menschen unmittelbar betreffen – Entscheidungen, die häufig unter Unsicherheit, Zeitdruck und mit konkurrierenden Werten getroffen werden müssen. Ohne eine gefestigte ethische Orientierung degeneriert Soziale Arbeit zur technischen Dienstleistung ohne moralische Substanz. Wer wissen will, was Soziale Arbeit ausmacht, kommt an der Frage nach ihren Werten nicht vorbei.

6.1 Warum Ethik in der Sozialen Arbeit?

Ethik befasst sich mit der Frage: Was ist richtiges Handeln? In der Sozialen Arbeit stellt sich diese Frage täglich und konkret: Wie gehe ich mit jemandem um, dessen Lebensstil ich problematisch finde, der aber keine Hilfe will? Wessen Interesse hat Vorrang – das des Kindes oder das der Eltern? Soll ich eine Klientin auf ihren Wunsch hin unterstützen, obwohl ich glaube, dass das ihrer Gesundheit schadet? Diese Fragen haben keine einfachen Antworten. Aber sie lassen sich professioneller bearbeiten, wenn man über ein solides ethisches Fundament und die Bereitschaft zur ethischen Reflexion verfügt.

Ethik in der Sozialen Arbeit bezieht sich auf mehrere Ebenen gleichzeitig: auf die individuelle Ebene (die persönliche moralische Haltung der Fachkraft), die professionelle Ebene (der Berufskodex der Profession), die institutionelle Ebene (die ethischen Standards der Organisation) und die gesellschaftliche Ebene (gesellschaftliche Normen und Menschenrechte). Wenn diese Ebenen in Einklang sind, ist ethisches Handeln verhältnismäßig unkompliziert. Wenn sie in Konflikt geraten – und das ist häufig der Fall –, braucht es ethische Reflexionskompetenz.

6.2 Ethische Theorien als Orientierungsrahmen

Ethische Theorien bieten unterschiedliche Antworten auf die Frage, was richtiges Handeln ist, und dienen als Orientierungsrahmen für die professionelle Reflexion. Die Deontologie (Pflichtethik, begründet von Immanuel Kant) fragt: Entspricht mein Handeln einer allgemeinen Regel, die ich für alle Menschen gelten lassen möchte? Das Lügen ist demnach prinzipiell falsch – auch wenn die Wahrheit in einem konkreten Fall

Schaden anrichtet. Der Konsequenzialismus (Utilitarismus, begründet von Jeremy Bentham und John Stuart Mill) fragt dagegen: Welche Handlung führt zu den besten Konsequenzen für die größte Zahl von Betroffenen? Und die Tugendethik (begründet von Aristoteles) fragt: Was würde eine tugendhafte Person in dieser Situation tun?

In der Sozialen Arbeit sind alle drei Perspektiven relevant – und keine von ihnen allein ausreichend. Deontologisches Denken schützt vor situativer Willkür: Bestimmte Grundwerte – die Würde des Menschen, das Recht auf Selbstbestimmung – sind nicht verhandelbar. Konsequentialistisches Denken erinnert daran, dass Handlungen reale Auswirkungen haben und diese berücksichtigt werden müssen. Und die Tugendethik lenkt den Blick auf den Charakter und die Haltung der Fachkraft selbst: Bin ich die Person, die ich sein sollte, um in diesem Beruf professionell zu handeln?

6.3 Menschenrechte und Menschenwürde als Grundlage

Die internationale Definition der Sozialen Arbeit nennt Menschenrechte und soziale Gerechtigkeit als konstitutive Werte der Profession. Diese Benennung ist kein rhetorischer Akt, sondern eine programmatische Entscheidung: Soziale Arbeit verpflichtet sich damit auf einen universellen Werterahmen, der über kulturelle, religiöse und nationale Grenzen hinausgeht. Menschenrechte sind keine abstrakten Normen, sondern konkrete Ansprüche, die Menschen gegenüber staatlichen und gesellschaftlichen Institutionen haben: das Recht auf Leben, auf Würde, auf Freiheit, auf Bildung, auf angemessene Lebensbedingungen.

Für die Soziale Arbeit bedeutet eine konsequente Menschenrechtsperspektive: Klientinnen und Klienten nicht als Problemfälle, sondern als Rechtssubjekte betrachten. Wenn ein obdachloser Mensch keinen Zugang zu medizinischer Versorgung hat, ist das keine bloße individuelle Tragödie, sondern eine Verletzung seines Menschenrechts auf Gesundheit. Wenn ein Kind in einem Heim seine Eltern nur einmal im Monat sehen darf, ist das keine organisatorische Frage, sondern eine menschenrechtliche. Diese Perspektive verleiht der Sozialen Arbeit eine anwaltschaftliche Dimension: Sie tritt für die Rechte ihrer Klientinnen und Klienten ein – auch wenn das unbequem ist.

6.4 Der Berufskodex des DBSH

Der Deutsche Berufsverband für Soziale Arbeit (DBSH) hat einen Berufskodex entwickelt, der ethische Grundsätze für die Praxis formuliert und auf der internationalen

Ethikdeklaration von IFSW und IASSW basiert. Dazu gehören: Achtung der Würde und Autonomie jedes Menschen, Vertraulichkeit und Schweigepflicht, Transparenz gegenüber Klientinnen und Klienten über die eigene Rolle und Aufgabe, Nicht-Diskriminierung und Gleichbehandlung, Förderung von Selbstbestimmung, Schutz vor Schaden und gesellschaftliche Verantwortung.

Diese Grundsätze sind verbindlich – nicht im juristischen Sinne, aber im Sinne professioneller Selbstverpflichtung. Ein Sozialarbeiter, der eine Klientin systematisch belügt, verstößt nicht nur gegen deren Vertrauen, sondern gegen den Kern seiner professionellen Identität. Berufskodizes erfüllen außerdem eine öffentliche Funktion: Sie machen transparent, welche Werte die Profession vertritt, und erlauben Klientinnen und der Gesellschaft, diese Werte einzufordern. Wer den Kodex kennt, kann ihn zur eigenen Orientierung und als Argument gegenüber institutionellen Pressionen nutzen.

6.5 Professionelle Haltung entwickeln

Professionelle Haltung ist mehr als das Befolgen von Regeln. Sie ist eine internalisierte innere Einstellung, die sich in jeder Begegnung ausdrückt: in der Art, wie man zuhört, wie man Fragen stellt, wie man Grenzen setzt, wie man mit Widerstand oder Aggression umgeht. Diese Haltung wird nicht durch bloße Wissensvermittlung entwickelt, sondern durch Erfahrung, Reflexion, Feedback und die Bereitschaft, sich mit den eigenen Reaktionen auseinanderzusetzen.

Wesentliche Elemente professioneller Haltung sind: Empathie (sich in die Perspektive anderer einfühlen, ohne sich darin zu verlieren), bedingungslose Wertschätzung (die Person respektieren, auch wenn man ihr Verhalten ablehnt), Authentizität (echt und transparent sein, statt eine professionelle Maske zu tragen) und Selbstreflexion (die eigenen Vorannahmen, Biases, Gegenübertragungsreaktionen und blinden Flecken kennen und bearbeiten). Die professionelle Haltung ist kein Endzustand, sondern ein lebenslanger Entwicklungsprozess.

Besonders schwierig – und besonders wichtig – ist die professionelle Haltung gegenüber Menschen, die man als schwierig, abstoßend oder moralisch verwerflich empfindet: Menschen, die aggressiv sind, die ihre Kinder vernachlässigt haben, die straffällig geworden sind. Hier zeigt sich, ob eine professionelle Haltung wirklich internalisiert ist. Die professionelle Fähigkeit zur Trennung von Person und Verhalten, zur Unterscheidung zwischen dem Menschen und dem, was er getan hat, ist keine naive Schönfärberei, sondern ethische Grundlage professionellen Handelns.

6.6 Ethische Dilemmata und wie man sie bearbeitet

Ethische Dilemmata entstehen, wenn zwei oder mehr legitime Werte oder Pflichten miteinander in Konflikt geraten und keine Lösung möglich ist, die alle Werte vollständig respektiert. Ein klassisches Dilemma: Die Schweigepflicht gebietet, das Vertrauen der Klientin zu wahren – aber die Sicherheitspflicht gebietet, bei Gefährdung zu handeln. Beides sind legitime, professionell anerkannte Werte. Die Auflösung des Dilemmas erfordert Abwägung, Begründung und Transparenz – und hinterlässt manchmal ein unbehagliches Restzweifel, das zum professionellen Handeln gehört.

Ethische Entscheidungsfindung ist keine individuelle Angelegenheit. In der Praxis sollten solche Entscheidungen im Team, in der Supervision oder mit kollegialer Beratung getroffen werden. Es gibt Instrumente der ethischen Fallbesprechung, die dabei helfen, verschiedene Perspektiven zu strukturieren und zu einer begründeten Entscheidung zu kommen. Dokumentation, die ethische Abwägungen festhält, schützt nicht nur Klientinnen, sondern auch Fachkräfte – und ermöglicht, aus schwierigen Fällen für die Zukunft zu lernen.

6.7 Intersektionalität und Diskriminierungssensibilität

Intersektionalität ist ein Konzept, das ursprünglich von der Rechtswissenschaftlerin Kimberlé Crenshaw entwickelt wurde, um zu beschreiben, wie verschiedene Diskriminierungsdimensionen – Geschlecht, Rasse, Klasse, sexuelle Orientierung, Behinderung, Alter – miteinander verschränkt sind und sich gegenseitig verstärken. Eine schwarze Frau mit Behinderung erlebt andere und komplexere Formen von Diskriminierung als eine weiße Frau oder ein schwarzer Mann.

Für die Soziale Arbeit bedeutet Intersektionalität: Die Situation von Klientinnen und Klienten in ihrer ganzen Komplexität wahrnehmen, statt sie auf eine einzige Problemkategorie zu reduzieren. Ein Flüchtling, der gleichzeitig arm, männlich, muslimisch und traumatisiert ist, erlebt die Gesellschaft anders als ein weißer, nicht-religiöser, nicht-traumatisierter Arbeitsloser. Professionelle Diskriminierungssensibilität erfordert, diese unterschiedlichen Ausgangsbedingungen zu kennen – und die eigene Praxis daraufhin zu überprüfen.

Diskriminierungssensibilität bedeutet auch: die eigenen Vorurteile und Privilegien kennen. Weiße Sozialarbeitende, die mit schwarzen Klientinnen arbeiten, müssen sich ihrer eigenen rassistischen Prägungen bewusst sein – nicht um sich zu bestrafen, sondern um sie nicht unreflektiert in die Arbeit einzubringen. Diese Arbeit ist unangenehm und nie abgeschlossen. Sie ist dennoch unverzichtbar für eine Profession, die soziale Gerechtigkeit als Grundwert beansprucht.

6.8 Reflexionsaufgaben

Reflexionsaufgaben für Kapitel 6

1. Beschreiben Sie eine ethische Situation, die Sie aus Praktikum, Beruf oder eigenem Leben kennen. Welche Werte standen in Konflikt? Wie wurde entschieden – und war das die richtige Entscheidung? 2. Welche Ihrer eigenen Werte könnten in Konflikt mit professionellen ethischen Standards geraten? 3. Diskutieren Sie: Wo sind die Grenzen bedingungsloser Wertschätzung? Gibt es Menschen, bei denen professionelle Distanz schwerer zu halten ist?

Zusammenfassung Kapitel 6

Ethik ist das Fundament Sozialer Arbeit. Menschenrechte, Würde und soziale Gerechtigkeit sind die Leitwerte; der Berufskodex des DBSH konkretisiert sie für die Praxis. Ethische Theorien bieten Orientierungsrahmen für schwierige Entscheidungen. Professionelle Haltung – Empathie, Wertschätzung, Authentizität, Selbstreflexion – ist kein Endzustand, sondern ein lebenslanger Entwicklungsprozess. Ethische Dilemmata brauchen Raum für gemeinsame, transparente Bearbeitung.

Kapitel 7: Der Arbeitsalltag in der Sozialen Arbeit

Was wirklich passiert, wenn man die Akten aufschlägt

Zwischen dem Bild, das sich viele vom Beruf machen, und dem tatsächlichen Arbeitsalltag liegt oft eine Lücke. Nicht Heldentaten und dramatische Rettungsaktionen prägen den Alltag, sondern Gespräche, Telefonate, Dokumentation, Koordination und die manchmal zermürbende Geduld, die professionelle Arbeit mit Menschen erfordert. Dieses Kapitel beschreibt, was Soziale Arbeit in der Praxis wirklich bedeutet – mit allen Höhen und Tiefen, mit der Freude am Gelingen und mit den strukturellen Frustrationsmomenten, die zum Beruf dazugehören.

7.1 Ein typischer Arbeitstag – gibt es den?

Es gibt keinen typischen Arbeitstag in der Sozialen Arbeit – das ist eines der charakteristischsten Merkmale dieses Berufs. Wer morgens das Büro betritt, weiß nicht mit Sicherheit, was den Tag bestimmen wird. Plötzliche Krisen, unangekündigte Klientinnen und Klienten, ein Anruf aus dem Krankenhaus über eine Klientin in akuter Not, eine Eskalation in der Wohngruppe oder die Nachricht, dass ein Kind, das man seit Wochen nicht zu Gesicht bekommen hat, nun doch aufgegriffen wurde – das Unplanbare gehört zum Alltag.

Gleichzeitig gibt es strukturierende Elemente: regelmäßige Teambesprechungen, geplante Beratungsgespräche, Hilfeplangespräche mit festen Terminen, Dokumentationspflichten und administrative Aufgaben wie Antragsbearbeitung, Berichtswesen und Koordination mit anderen Stellen. Die Kunst liegt darin, strukturierende und unstrukturierte Elemente so zu verbinden, dass man handlungsfähig bleibt, ohne starr zu werden. Flexibilität – nicht als Beliebigkeit, sondern als professionelle Kompetenz der situativen Prioritätensetzung – ist eine der wichtigsten Fähigkeiten im Berufsalltag.

7.2 Fallarbeit: Assessment, Gespräch, Planung

Das Herzstück der meisten Stellen in der Sozialen Arbeit ist die Fallarbeit: die systematische, kontinuierliche Auseinandersetzung mit einer konkreten Person, Familie oder Gruppe in einer konkreten Situation. Fallarbeit beginnt mit dem Assessment – der strukturierten, ganzheitlichen Erfassung der Situation: Wer ist beteiligt? Wie erleben die Betroffenen ihre Situation? Was sind die Stärken und

Ressourcen? Was sind die Risiken und Schutzfaktoren? Welche Ziele werden angestrebt?

Auf der Basis des Assessments wird ein Hilfe- oder Unterstützungsplan erarbeitet – möglichst gemeinsam mit den Klientinnen und Klienten und allen relevanten Beteiligten. Dieser Plan wird umgesetzt, regelmäßig überprüft und bei Bedarf angepasst. In der Praxis verlaufen diese Phasen selten linear: Krisen unterbrechen Prozesse, neue Informationen verändern die Einschätzung, Klientinnen ziehen zurück, was sie zuvor berichtet haben, oder verweigern plötzlich die Zusammenarbeit. Fallarbeit ist keine mechanische Abfolge von Algorithmen, sondern eine lebendige, dynamische professionelle Beziehung, die Flexibilität, Geduld und professionelle Standhaftigkeit erfordert.

7.3 Dokumentation: Werkzeug und Bürde

Dokumentation nimmt in vielen Stellen der Sozialen Arbeit einen erheblichen Teil der Arbeitszeit in Anspruch – und wird von einem erheblichen Teil der Fachkräfte als Belastung empfunden. Studien zeigen, dass in manchen Settings mehr als ein Drittel der Arbeitszeit auf Dokumentation und administrative Aufgaben entfällt. Diese Wahrnehmung ist verständlich, greift aber zu kurz: Gute Dokumentation ist kein bürokratischer Selbstzweck, sondern professionelles Handwerkzeug.

Gute Dokumentation schützt Klientinnen und Klienten, weil ihre Situation, ihre Ziele und die vereinbarten Maßnahmen festgehalten sind – auch wenn die Fachkraft wechselt. Sie schützt Fachkräfte, weil sie bei rechtlichen Auseinandersetzungen zeigt, dass professionell und begründet gehandelt wurde. Sie sichert Qualität, indem sie regelmäßige Reflexion über Wirksamkeit und Zielfortschritte ermöglicht. Und sie ermöglicht Evaluation und Weiterentwicklung von Angeboten. Professionelle Dokumentation ist klar, sachlich, vollständig, diskriminierungsfrei und unterscheidet konsequent zwischen Beobachtungen, Einschätzungen und Schlussfolgerungen.

7.4 Teamarbeit und interdisziplinäre Zusammenarbeit

Soziale Arbeit ist selten ein Einzelkämpferberuf. Teams bieten Rückhalt, Perspektivenvielfalt, gegenseitige Kontrolle und die Möglichkeit, schwierige Entscheidungen gemeinsam zu tragen. In einem guten Team werden komplexe Fälle offen besprochen, eigene Unsicherheiten angesprochen, unterschiedliche fachliche

Meinungen respektvoll diskutiert und Fehler als Lernmöglichkeiten behandelt. Ein dysfunktionales Team hingegen – mit unklaren Zuständigkeiten, versteckten Konflikten, Mobbing oder fehlender Kommunikation – kann zur erheblichen Belastung werden und die Qualität der Arbeit mit Klientinnen beeinträchtigen.

Interdisziplinäre Teams – mit Sozialarbeitenden, Psychologinnen, Therapeuten, Erzieherinnen, Pflegenden, Ärztinnen und anderen Fachgruppen – sind in vielen Arbeitsfeldern der Standard. Diese Zusammenarbeit erfordert Rollenklarheit (wer ist wofür zuständig?), gegenseitigen Respekt (die Perspektive der anderen Profession hat ihren Wert) und die Bereitschaft zur gemeinsamen Entscheidungsfindung. Das eigene professionelle Profil klar zu vertreten – ohne in Abgrenzungskämpfe zu verfallen – ist eine wichtige, oft unterschätzte berufliche Kompetenz.

7.5 Supervision und kollegiale Beratung

Supervision ist das wichtigste Instrument professioneller Begleitung und Qualitätssicherung in der Sozialen Arbeit. In der Supervision reflektieren Fachkräfte mit einer qualifizierten, externen Supervisorin oder einem Supervisor ihre berufliche Praxis: schwierige Fälle, belastende Beziehungsdynamiken, institutionelle Konflikte, eigene emotionale Reaktionen und professionelle Entwicklung. Supervision ist kein Zeichen von Schwäche oder Überforderung, sondern Ausdruck professioneller Reife und Selbstverantwortung.

Formen der Supervision sind Einzel-Supervision (eine Fachkraft mit einer Supervisorin), Gruppen-Supervision (mehrere Fachkräfte aus verschiedenen Einrichtungen, moderiert von einer Supervisorin) und Team-Supervision (das gesamte Team einer Einrichtung). Kollegiale Beratung ist eine niedrigschwelligere Form: Kolleginnen und Kollegen reflektieren gemeinsam Fälle ohne externe Leitung, nach einer strukturierten Methode (etwa dem Kollegialen Coaching nach Mutzeck). Beide Formate sind unverzichtbar für nachhaltige professionelle Entwicklung.

7.6 Institutionelle Rahmenbedingungen und Interessenkonflikte

Soziale Arbeit findet immer in institutionellen Kontexten statt – mit Vorgesetzten, Trägern, Finanzierern und rechtlichen Rahmenbedingungen. Diese Rahmenbedingungen können professionelles Handeln ermöglichen oder einschränken. Zu hohe Fallzahlen, unzureichende Ressourcen, bürokratische Hürden, mangelnde

Anerkennung durch Vorgesetzte und Konflikte zwischen professionellen Ansprüchen und institutionellen Erwartungen sind reale Belastungsfaktoren, die viele Fachkräfte beschreiben.

Der Umgang mit diesen Spannungen ist Teil professioneller Kompetenz: Wo kann ich die Bedingungen aktiv mitgestalten? Wo muss ich Grenzen setzen und Nein sagen? Wo brauche ich Unterstützung durch Kollegen oder Vorgesetzte? Und wann ist es Zeit, eine Einrichtung zu verlassen, wenn deren Rahmenbedingungen professionelles Handeln dauerhaft unmöglich machen? Diese Fragen sind keine Zeichen persönlicher Schwäche, sondern strukturelle Herausforderungen, die die Profession als Ganzes betreffen und sozialpolitisch bearbeitet werden müssen.

7.7 Fallbeispiel: Ein Tag im Allgemeinen Sozialen Dienst

Es ist 8:15 Uhr. Annika Berger, Sozialarbeiterin im Allgemeinen Sozialen Dienst eines städtischen Jugendamts, öffnet ihre E-Mails. Drei neue Meldungen über mögliche Kindeswohlgefährdungen sind eingegangen. Gleichzeitig hat die Schulsozialarbeiterin einer Grundschule angerufen: Ein Junge erscheint seit einer Woche nicht zur Schule; die Mutter ist nicht erreichbar. Annika ruft zunächst eine Kollegin an, die den Fall kennt, und entscheidet gemeinsam: Hausbesuch heute Vormittag.

Um 9:30 Uhr steht sie vor der Wohnungstür. Keine Antwort. Die Nachbarin öffnet und berichtet, dass sie in der Nacht Schreien gehört hat. Annika entscheidet: Polizei hinzuziehen. Als die Wohnung geöffnet wird, findet sie die Mutter betrunken und den Jungen in seinem Zimmer, offensichtlich seit Tagen unversorgt. Sie ruft sofort den Kindernotdienst und leitet eine Inobhutnahme ein – eine der schwerwiegendsten Entscheidungen im Kinderschutz.

Um 14:00 Uhr sitzt Annika im Büro und schreibt den Bericht. Sie dokumentiert, was sie gesehen hat, wen sie informiert hat und welche Entscheidung sie getroffen hat – und warum. Um 15:30 Uhr hat sie eine Supervision mit ihrer Kollegin: Die Situation von heute hat sie erschüttert. Das Gesicht des Jungen lässt sie nicht los. In der Supervision spricht sie darüber – nicht um das Erlebnis wegzumachen, sondern um es zu verarbeiten, ohne es mit nach Hause zu nehmen.

> **Merke:**
> Ein solcher Tag ist kein Ausnahmetag – für viele Fachkräfte im ASD ist er Realität. Er zeigt, warum Supervision, kollegiale Unterstützung und ausreichend Zeit für Reflexion keine Optionen, sondern Notwendigkeiten sind.

Reflexionsaufgaben für Kapitel 7

1. Was würden Sie im Fallbeispiel mit Annika anders machen – oder bestätigen? Begründen Sie Ihre Entscheidungen. 2. Wie würden Sie persönlich mit einem solchen Arbeitstag umgehen? Was brauchen Sie, um nach einem belastenden Erlebnis wieder handlungsfähig zu sein? 3. Diskutieren Sie: Welche institutionellen Bedingungen würden Annikas Arbeit erleichtern?

Zusammenfassung Kapitel 7

Der Arbeitsalltag in der Sozialen Arbeit ist geprägt von Fallarbeit, Dokumentation, Teamarbeit, Supervision und institutionellen Anforderungen. Er ist abwechslungsreich und sinnstiftend – aber auch fordernd und manchmal frustrierend. Gute Strukturen, kollegiale Unterstützung und regelmäßige Reflexion sind die wichtigsten Ressourcen, um diesen Alltag professionell und nachhaltig zu gestalten.

Kapitel 8: Kommunikation und Gesprächsführung

Das wichtigste Werkzeug ist die Beziehung

In kaum einem Beruf ist Kommunikation so zentral wie in der Sozialen Arbeit. Gespräche sind nicht nur Mittel zum Zweck – sie sind oft der eigentliche Kern der Intervention. Ob ein Hilfsangebot angenommen wird, ob eine Vertrauensbeziehung entsteht, ob ein Mensch bereit ist, etwas über sich zu erzählen und damit Veränderung möglich wird – all das hängt maßgeblich davon ab, wie Fachkräfte kommunizieren. Kommunikationskompetenz ist deshalb nicht eine von vielen Fähigkeiten, sondern die Grundkompetenz, auf der alle anderen aufbauen.

8.1 Grundlagen professioneller Kommunikation

Kommunikation ist weit mehr als der Austausch von Information. Paul Watzlawick formulierte es in seinen berühmten Axiomen: Man kann nicht nicht kommunizieren. Alles, was wir tun oder lassen, hat eine kommunikative Wirkung – Körperhaltung, Blickkontakt, Tonfall, Schweigen, das Arrangement des Gesprächsraums, die Kleidung, die Art, wie wir eine Klientin begrüßen. In der professionellen Beziehung müssen diese Signale mit dem gewollten Inhalt übereinstimmen – und das erfordert Bewusstsein, Reflexion und Übung.

Das Vier-Ebenen-Modell von Friedemann Schulz von Thun beschreibt, dass jede Nachricht auf vier Ebenen gleichzeitig kommuniziert wird: auf der Sachebene (was ist der Inhalt?), auf der Selbstoffenbarungsebene (was verrät die Senderin über sich selbst?), auf der Beziehungsebene (wie steht die Senderin zur Empfängerin?) und auf der Appellebene (was soll die Empfängerin denken, fühlen oder tun?). Missverständnisse entstehen häufig, weil Senden und Empfangen auf verschiedenen Ebenen stattfinden. Wer dieses Modell kennt, kann Kommunikationsstörungen besser verstehen und gezielt gegensteuern.

8.2 Aktives Zuhören

Aktives Zuhören ist eine der grundlegenden und gleichzeitig am meisten unterschätzten Techniken professioneller Gesprächsführung. Es bedeutet: nicht nur hören, was gesagt wird, sondern verstehen, was gemeint ist – inklusive der emotionalen Dimension, der impliziten Botschaften und der Lücken im Gesagten. Aktives Zuhören umfasst: Aufmerksamkeit signalisieren (Körperhaltung, Blickkontakt, gelegentliches Nicken),

Paraphrasieren (das Gehörte mit eigenen Worten wiedergeben, um das Verständnis zu überprüfen), Verbalisieren von Gefühlen (das benennen, was emotional hinter dem Gesagten liegt) und offene Fragen stellen (die nicht mit Ja oder Nein beantwortet werden können).

Aktives Zuhören ist anspruchsvoller als es klingt. Es erfordert, die eigenen Gedanken, Urteile, Ratschläge und Interpretationen zunächst zurückzustellen und wirklich präsent zu sein – für das, was die andere Person gerade sagt und meint. Viele Menschen – auch in helfenden Berufen – neigen dazu, bereits zu antworten oder innerlich weitergedacht zu haben, während der Gegenüber noch spricht. Das verhindert echtes Verstehen und signalisiert – ob gewollt oder nicht – mangelndes Interesse. Aktives Zuhören ist eine Haltung, keine Technik.

8.3 Systemische Gesprächsführung

Die systemische Gesprächsführung basiert auf der Systemtheorie und dem Konstruktivismus und betrachtet Probleme nicht als Eigenschaften von Individuen, sondern als Muster in Beziehungssystemen. Zirkuläre Fragen sind ein zentrales Instrument dieser Gesprächsführung: Sie regen dazu an, die Perspektive anderer Beteiligter einzunehmen und Wechselwirkungen im System wahrzunehmen. Beispiele sind: Wie erleben Sie, dass Ihre Mutter die Situation sieht? Was würde sich in Ihrer Familie verändern, wenn das Problem nicht mehr da wäre? Wer würde als Erstes bemerken, dass sich etwas verändert hat?

Weiteres systemisches Instrumentarium umfasst: Genogramme (grafische Darstellung des Familiensystems über mehrere Generationen, sichtbar macht Muster und Beziehungen), Skulpturtechniken (räumliche Darstellung von Beziehungsmustern durch Positionierung von Personen im Raum), Reframing (Umdeutung von Situationen und Verhaltensweisen, um neue Bedeutungen und Handlungsmöglichkeiten zu eröffnen) und die wundersame Frage der lösungsfokussierten Beratung: Angenommen, heute Nacht geschieht ein Wunder und das Problem ist gelöst – was wäre morgen früh anders? Diese Fragen laden zur Vorstellung von Lösungen ein, statt im Problem zu verharren.

8.4 Motivierende Gesprächsführung

Motivierende Gesprächsführung (Motivational Interviewing, MI) wurde in den 1980er Jahren von den Psychologen William R. Miller und Stephen Rollnick für die Arbeit mit Alkoholabhängigen entwickelt und hat sich seither in der Suchtarbeit, der Gesundheitsförderung, der Jugendhilfe und vielen anderen Bereichen bewährt. Die Grundannahme von MI: Menschen ändern sich nicht auf Befehl oder durch Belehrung, sondern wenn sie ihre eigene Motivation entwickeln. Ambivalenz – das gleichzeitige Vorhandensein von Veränderungswunsch und Veränderungsangst – ist normal und sollte als solche respektiert werden, statt sie zu übergehen.

Zentrale Prinzipien des MI sind: Empathie ausdrücken durch aktives Zuhören und Reflexionen; Diskrepanzen zwischen dem aktuellen Verhalten und den eigenen Zielen und Werten des Klienten herausarbeiten, ohne zu konfrontieren oder zu moralisieren; Widerstand umlenken, statt dagegen anzukämpfen (Widerstand als Signal, die eigene Strategie zu überdenken, nicht als Feindseligkeit zu interpretieren); und die Selbstwirksamkeit des Klienten stärken – die Überzeugung, dass er in der Lage ist, sich zu verändern. Die empirische Evidenz für die Wirksamkeit von MI ist in vielen Anwendungsfeldern beachtlich.

8.5 Umgang mit schwierigen Gesprächssituationen

Aggression, Schweigen, Manipulation, Drohungen, Selbstverletzungsankündigungen oder vollständige Verweigerung – schwierige Gesprächssituationen gehören zum Berufsalltag Sozialer Arbeit und sind eine der häufigsten Belastungsquellen. Der professionelle Umgang mit Aggression erfordert: ruhig bleiben und die eigene Körperhaltung als Deeskalationssignal einsetzen; klare, respektvolle Grenzen setzen, ohne zu provozieren; wenn nötig, das Gespräch zu unterbrechen und einen neuen Termin zu vereinbaren. Wichtig ist dabei: Aggression nicht als persönlichen Angriff zu interpretieren, sondern als Ausdruck von Not, Hilflosigkeit, Angst oder mangelnden Kommunikationsstrategien.

Schweigen kann viele Bedeutungen haben: Rückzug, Nachdenken, Erschöpfung, Protest, kulturell bedingte Kommunikationsnorm oder schlicht das Nicht-Wissen, was man sagen soll. Statt Schweigen vorschnell aufzufüllen, ist es häufig produktiver, es auszuhalten und behutsam zu erkunden: Sie sagen gerade nichts – was geht in Ihnen vor? Manipulation – der Versuch, Fachkräfte durch emotionalen Druck, Schuldgefühle oder Fehlinformation zu bestimmten Handlungen zu bewegen – erfordert Klarheit über die eigene Rolle und die eigenen Grenzen, ohne Feindseligkeit gegenüber der Person.

8.6 Digitale Kommunikation und Online-Beratung

Digitale Kommunikation – per E-Mail, Messenger-Dienste, Videokonferenz oder Chat-Plattformen – hat auch in der Sozialen Arbeit massiv an Bedeutung gewonnen. Die Covid-19-Pandemie hat diesen Prozess dramatisch beschleunigt: Online-Beratung, digitale Hilfepläne und virtuelle Teamgespräche wurden innerhalb von Wochen zur Normalität in Bereichen, die bis dahin stark auf persönliche Begegnung gesetzt hatten. Erfahrungen zeigen: Online-Beratung kann für bestimmte Zielgruppen und Themen sehr wirksam sein – etwa für Menschen mit Mobilitätseinschränkungen, Menschen in ländlichen Gebieten ohne gute Anbindung oder Menschen, die persönliche Gespräche als zu bedrohlich erleben.

Gleichzeitig gibt es klare Grenzen und Risiken: Non-verbale Kommunikation ist in Videokonferenzen stark eingeschränkt; Datenschutz und Vertraulichkeit müssen technisch und rechtlich gewährleistet werden; nicht alle Klientinnen verfügen über die notwendigen Geräte, Internetzugänge oder digitalen Kompetenzen. Eine professionell reflektierte Nutzung digitaler Kommunikation muss diese Aspekte berücksichtigen – und das Grundprinzip nicht vergessen: Auch in der digitalen Welt ist die professionelle Beziehung das entscheidende Wirkfaktor.

8.7 Sprache als Machtinstrument – und als Befreiungsmittel

Sprache ist in der Sozialen Arbeit nie neutral. Die Begriffe, die Fachkräfte verwenden, um Klientinnen zu beschreiben, transportieren Annahmen und Wertungen: schwieriger Fall impliziert, dass das Schwierige bei der Person liegt; suchtgefährdet setzt eine Normalitätsnorm; Hilfebedürftige reduziert Menschen auf ihre Bedürftigkeit. Diskriminierungsfreie, ressourcenorientierte Sprache – die Person in den Mittelpunkt stellt, nicht ihre Problemkategorie – ist eine Form professionellen Respekts und ein Instrument der Machtkorrektur.

Gleichzeitig ist Sprache ein Befreiungsmittel: Wer einem Menschen hilft, sein Erleben in Worte zu fassen, gibt ihm Handlungsmacht. Narrative Methoden in der Beratung nutzen die Kraft der Geschichte: Wenn eine Person ihre Erfahrungen in eine andere

Erzählung fassen kann – nicht als Opfer, sondern als handelndes Subjekt –, kann das transformativ sein. Das Konzept des Re-Authoring (Michael White, David Epston) beschreibt genau diesen Prozess: Menschen werden ermutigt, die Geschichte ihres Lebens neu zu schreiben.

8.8 Kulturelle Unterschiede in der Kommunikation

Kommunikationsstile sind kulturell geprägt. Was in einer deutschen Beratungsstelle als direktes, respektvolles Feedback gilt, kann in einem anderen kulturellen Kontext als verletzend oder unhöflich erlebt werden. Augenkontakt gilt in westlichen Kontexten als Zeichen von Offenheit und Ehrlichkeit – in anderen Kulturen als Respektlosigkeit gegenüber Älteren oder Autoritäten. Schweigen hat unterschiedliche Bedeutungen.

Interkulturelle Kommunikationskompetenz bedeutet: diese Unterschiede kennen, ohne zu stereotypisieren (nicht alle Angehörigen einer Kultur kommunizieren gleich), nachfragen statt annehmen und die eigene Kommunikationsweise reflektieren. Wenn eine Kommunikation nicht funktioniert, liegt das nicht automatisch an der anderen Person – es könnte auch an den eigenen kulturellen Annahmen liegen. Professionelle Neugier – die echte Bereitschaft, anders zu verstehen – ist hier wichtiger als Kulturwissen.

Reflexionsaufgaben für Kapitel 8

1. Führen Sie ein Gespräch in einer Simulation (mit Kommilitoninnen) und bitten Sie anschließend um Feedback zu Ihrem Kommunikationsstil. Was überrascht Sie? 2. Welche Gesprächssituationen finden Sie persönlich besonders schwierig? Was steckt dahinter? 3. Beobachten Sie sich eine Woche lang: Wann hören Sie wirklich zu – und wann formulieren Sie innerlich schon die Antwort, während die andere Person noch spricht?

Zusammenfassung Kapitel 8

Kommunikation ist die Kernkompetenz Sozialer Arbeit. Aktives Zuhören, systemische Techniken, Motivierende Gesprächsführung und der professionelle Umgang mit schwierigen Situationen sind wesentliche Bausteine. Digitale Kommunikation erweitert das Repertoire, bringt aber eigene Herausforderungen mit sich. Kommunikationskompetenz entwickelt sich durch Praxis, Feedback und kontinuierliche Selbstreflexion – und sie ist nie abgeschlossen.

Kapitel 9: Rechtliche Grundlagen der Sozialen Arbeit

Ohne Rechtskenntnis keine professionelle Praxis

Soziale Arbeit in Deutschland ist in einem dichten Rechtsnetz eingebettet. Das Sozialrecht definiert Ansprüche, regelt Zuständigkeiten, schreibt Verfahren vor und setzt Grenzen professionellen Handelns. Wer ohne solide Rechtskenntnisse arbeitet, kann Klientinnen und Klienten erheblich schaden – weil Ansprüche nicht geltend gemacht werden, Fristen versäumt werden oder falsche Einschätzungen zu unverhältnismäßigen Eingriffen führen. Rechtskenntnisse sind deshalb keine Zusatzqualifikation, sondern professionelle Grundvoraussetzung.

9.1 Das Sozialgesetzbuch im Überblick

Das Sozialgesetzbuch (SGB) ist die zentrale Rechtsgrundlage der deutschen Sozialen Arbeit. Es gliedert sich in zwölf Bücher, die unterschiedliche Bereiche der sozialen Sicherung regeln. SGB I enthält allgemeine Bestimmungen und legt die grundlegenden Rechte aller Anspruchsberechtigten fest. SGB II regelt die Grundsicherung für Arbeitsuchende (Bürgergeld). SGB III betrifft die Arbeitsförderung. SGB VIII ist das Kinder- und Jugendhilfegesetz. SGB IX regelt Rehabilitation und Teilhabe von Menschen mit Behinderungen. SGB XI betrifft die Pflegeversicherung. SGB XII regelt die Sozialhilfe für nicht-erwerbsfähige Menschen.

Neben dem SGB sind für die Soziale Arbeit zahlreiche weitere Rechtsquellen relevant: das Bürgerliche Gesetzbuch (BGB) mit dem Familienrecht (§§ 1589–1921 BGB), das Strafgesetzbuch (StGB) mit Regelungen zur Schweigepflicht (§ 203 StGB) und zum Kinderschutz, das Aufenthaltsgesetz für die Arbeit mit Geflüchteten und Migrantinnen sowie die Datenschutz-Grundverordnung (DSGVO) und das Bundesdatenschutzgesetz (BDSG). Soziale Arbeit muss diesen vielschichtigen Rechtsrahmen nicht nur kennen, sondern im Alltag anwenden – und das oft unter Zeitdruck und ohne die Möglichkeit ausführlicher juristischer Beratung.

9.2 SGB VIII – Kinder- und Jugendhilfe im Detail

Das SGB VIII ist für viele Sozialarbeitende das relevanteste Sozialgesetzbuch. Es regelt das gesamte Spektrum der Kinder- und Jugendhilfe und ist in seiner Systematik vergleichsweise klar gegliedert. Grundlegendes Prinzip ist der Rechtsanspruch: Kinder,

Jugendliche und Familien haben unter bestimmten Voraussetzungen Anspruch auf Leistungen der Jugendhilfe – sie erhalten sie nicht aus Gnade, sondern aus Recht.

§ 1 SGB VIII formuliert das Leitziel: Jeder junge Mensch hat ein Recht auf Förderung seiner Entwicklung und auf Erziehung zu einer eigenverantwortlichen und gemeinschaftsfähigen Persönlichkeit. § 8a SGB VIII – der Schutzauftrag bei Kindeswohlgefährdung – ist eine der zentralen und praktisch bedeutsamsten Normen des gesamten Sozialrechts. Er verpflichtet Fachkräfte, bei gewichtigen Anhaltspunkten für eine Gefährdung das Kindeswohl zu überprüfen, im Zweifelsfall das Jugendamt einzuschalten und in Akutfällen das Familiengericht anzurufen. Diese Verpflichtung gilt nicht nur für Jugendamtsmitarbeitende, sondern für alle im Jugendhilfebereich tätigen Fachkräfte in freier Trägerschaft.

Hilfen zur Erziehung (§§ 27–35 SGB VIII) werden gewährt, wenn eine dem Wohl des Kindes entsprechende Erziehung nicht gewährleistet ist und die Hilfe für seine Entwicklung geeignet und notwendig ist. Das Spektrum reicht von Erziehungsberatung über ambulante Erziehungshilfen bis zur Heimerziehung. Art und Umfang orientieren sich am erzieherischen Bedarf im Einzelfall; der Hilfeplan (§ 36 SGB VIII) sichert partizipative Entscheidungsfindung.

9.3 SGB II und XII – Grundsicherung und Sozialhilfe

SGB II regelt die Grundsicherung für erwerbsfähige Menschen, die ihren Lebensunterhalt nicht aus eigener Kraft bestreiten können. Seit 2023 heißt das frühere Arbeitslosengeld II offiziell Bürgergeld. Das SGB II kombiniert Lebensunterhaltssicherung (Regelbedarf, Kosten der Unterkunft) mit Eingliederungsleistungen (Maßnahmen zur Arbeitsmarktintegration) und – nach einer Reform – mehr Spielraum für individuelle Förderung. Soziale Arbeit spielt in den Jobcentern eine zunehmend wichtige Rolle, insbesondere bei der Unterstützung von Menschen mit multiplen Vermittlungshemmnissen.

SGB XII regelt die Sozialhilfe für Menschen, die nicht oder nicht mehr erwerbsfähig sind und deshalb keine SGB-II-Leistungen erhalten können. Es umfasst Hilfe zum Lebensunterhalt, Grundsicherung im Alter und bei Erwerbsminderung sowie besondere Hilfen in spezifischen Lebenslagen (Gesundheitshilfe, Eingliederungshilfe bis zu ihrer Überführung ins SGB IX, Hilfe zur Pflege, Hilfe zur Überwindung besonderer sozialer Schwierigkeiten). Die Abgrenzung zwischen SGB II und SGB XII ist in der Praxis häufig komplex – und eine häufige Quelle von Problemen für Klientinnen, die zwischen den Systemen fallen.

9.4 SGB IX und das Bundesteilhabegesetz

Das SGB IX regelt Rehabilitation und Teilhabe von Menschen mit Behinderungen. Es wurde durch das Bundesteilhabegesetz (BTHG), das zwischen 2017 und 2020 schrittweise in Kraft trat, grundlegend reformiert. Das BTHG stärkt das Wunsch- und Wahlrecht von Menschen mit Behinderungen erheblich: Sie können mitbestimmen, welche Leistungen sie in Anspruch nehmen, wo sie leben und wie ihre Unterstützung organisiert wird. Personenzentrierte Leistungen ersetzen zunehmend einrichtungszentrierte Angebote.

Zentral ist das Konzept des trägerübergreifenden Persönlichen Budgets: Menschen mit Behinderungen können Geldleistungen erhalten, um Unterstützungsleistungen selbst einzukaufen, statt institutionelle Sachleistungen in Anspruch nehmen zu müssen. Dies stärkt die Selbstbestimmung erheblich – erfordert aber auch neue Kompetenzen der Betroffenen und ihrer Unterstützungspersonen im Umgang mit dem Budget. Soziale Arbeit hat hier eine wichtige Beratungs- und Begleitungsfunktion.

9.5 Schweigepflicht, Datenschutz und Informationsweitergabe

Die Schweigepflicht (§ 203 StGB) ist eine zentrale berufsethische und rechtliche Verpflichtung. Informationen, die im professionellen Kontext von Klientinnen anvertraut wurden, dürfen grundsätzlich nicht ohne ihre ausdrückliche Einwilligung an Dritte weitergegeben werden. Verstöße gegen die Schweigepflicht sind strafbar. Ausnahmen gelten bei unmittelbarer Gefahr für Leib und Leben – und auch hier empfiehlt sich Rücksprache im Team oder mit juristischer Beratung, bevor gehandelt wird.

Die DSGVO und das BDSG regeln den Umgang mit personenbezogenen Daten. Für die Soziale Arbeit bedeutet das: Daten werden nur erhoben, soweit sie für die Hilfe notwendig sind (Datensparsamkeit). Klientinnen haben Auskunfts-, Berichtigungs- und Löschungsrechte. Datenschutzbeauftragte bei Trägern unterstützen bei der Umsetzung. Ein durchdachtes Datenschutzkonzept ist heute ein Qualitätsmerkmal jeder seriösen Einrichtung der Sozialen Arbeit.

9.6 Anwaltschaftliche Funktion und Rechtsdurchsetzung

Eine wichtige, oft unterschätzte Dimension rechtlicher Kompetenz in der Sozialen Arbeit ist die anwaltschaftliche Funktion: Fachkräfte helfen Klientinnen, ihre Rechte zu kennen, zu verstehen und gegebenenfalls durchzusetzen. Dazu gehören: Informationen über bestehende Ansprüche, Begleitung zu Behördengesprächen, Unterstützung beim Widerspruch gegen ablehnende Bescheide und Vermittlung zu Rechtsberatungsstellen.

Diese anwaltschaftliche Funktion ist emanzipatorisch: Sie trägt dazu bei, dass Menschen nicht von institutionellen Entscheidungen abhängig sind, sondern ihre Rechte als Subjekte kennen und einfordern können. Sie setzt voraus, dass Sozialarbeitende selbst über solide Rechtskenntnisse verfügen – und bereit sind, auch gegenüber Behörden und Institutionen die Perspektive ihrer Klientinnen zu vertreten. Das kann unbequem sein. Es ist dennoch unverzichtbar.

9.7 Datenschutz in der digitalen Praxis

Mit der zunehmenden Digitalisierung der Sozialen Arbeit entstehen neue datenschutzrechtliche Herausforderungen. Digitale Fallmanagementsysteme, Cloud-Speicher für Dokumente, Online-Beratungsplattformen und KI-gestützte Assessmenttools verarbeiten hochsensible personenbezogene Daten – mit erheblichen Risiken für die Vertraulichkeit. Fachkräfte müssen verstehen, welche Daten wo gespeichert werden, wer Zugriff hat und wie sie im Fall einer Datenpanne vorgehen.

Die DSGVO schreibt vor, dass personenbezogene Daten nur auf sicheren, zugriffsgeschützten Systemen gespeichert werden dürfen; dass Klientinnen über die Verarbeitung ihrer Daten informiert werden; dass unnötige Daten gelöscht werden; und dass Datenpannen der zuständigen Behörde gemeldet werden. Viele soziale Einrichtungen sind in der praktischen Umsetzung dieser Anforderungen überfordert – nicht aus mangelndem Willen, sondern aus fehlenden Ressourcen und Kompetenzen. Hier besteht erheblicher Handlungsbedarf auf Träger- und Systemebene.

9.8 Widerspruch und Rechtsdurchsetzung

Sozialrechtliche Bescheide sind anfechtbar. Wer als Klientin eine Ablehnung oder einen Bescheid erhält, der sich unrichtig anfühlt, hat das Recht, Widerspruch einzulegen – innerhalb einer Frist von in der Regel vier Wochen. Sozialarbeitende können

Klientinnen dabei unterstützen: den Bescheid gemeinsam lesen, die Begründung verstehen, einen Widerspruchsbrief verfassen oder an eine Rechtsberatungsstelle vermitteln.

Die Kenntnis des Widerspruchsverfahrens ist deshalb für Sozialarbeitende unverzichtbar. Zu wissen, wann ein Widerspruch Aussicht auf Erfolg hat, wann eine Klage sinnvoll ist und wann man eine Einigung anstreben sollte – das gehört zum anwaltschaftlichen Handwerkszeug. In vielen Regionen gibt es kostenlose Beratungsangebote: Verbraucherzentralen, Sozialberatungsstellen der Wohlfahrtsverbände und Rechtsanwältinnen, die nach dem Beratungshilfegesetz tätig sind.

Reflexionsaufgaben für Kapitel 9

1. Suchen Sie sich eine Norm aus dem SGB VIII heraus (z.B. § 27 oder § 8a) und analysieren Sie sie: Was schreibt sie vor? Welchen Ermessensspielraum lässt sie? Welche Fragen lässt sie offen? 2. Diskutieren Sie ein konkretes Dilemma zwischen Schweigepflicht und Schutzpflicht: Was würden Sie tun – und wie würden Sie es begründen? 3. Welche sozialrechtlichen Kenntnisse sind für Ihr bevorzugtes Arbeitsfeld besonders wichtig?

Zusammenfassung Kapitel 9

Rechtliche Grundlagen sind unverzichtbarer Bestandteil professioneller Sozialer Arbeit. Das SGB regelt Leistungen, Zuständigkeiten und Verfahren in allen relevanten Bereichen. Kenntnisse zu SGB VIII, SGB II/XII und SGB IX sind grundlegend. Schweigepflicht und Datenschutz schützen Klientinnen und Klienten. Die anwaltschaftliche Funktion der Sozialen Arbeit stärkt die Rechte ihrer Klientinnen und ist ein emanzipatorischer Kern professionellen Handelns.

Kapitel 10: Selbstfürsorge und Burnoutprävention

Wer für andere da ist, muss auch für sich sorgen

Soziale Arbeit ist emotional anspruchsvoll. Fachkräfte begegnen täglich menschlichem Leid, sozialer Ungerechtigkeit, Hilflosigkeit und manchmal auch eigener Ohnmacht gegenüber strukturellen Problemen, die sich durch individuelle Hilfe nicht beheben lassen. Ohne ausreichende Selbstfürsorge riskieren sie, die Grenze zwischen professioneller Empathie und persönlicher Erschöpfung zu überschreiten. Burnout und sekundäre Traumatisierung sind in sozialen Berufen keine Zeichen persönlicher Schwäche – sie sind systemische Risiken, die professionell und institutionell angegangen werden müssen.

10.1 Emotionale Arbeit als Berufsanforderung

Emotionale Arbeit (Emotional Labour) ist ein Begriff, den die Soziologin Arlie Russell Hochschild in ihrem 1983 erschienenen Buch The Managed Heart prägte. Sie bezeichnet das Management eigener Gefühle als Bestandteil der Berufsausübung: die Pflicht, bestimmte Gefühle zu zeigen (Ruhe, Empathie, Zuversicht), auch wenn man etwas anderes fühlt; und umgekehrt Gefühle zu unterdrücken, die in der professionellen Beziehung unangemessen wären (Ärger, Ekel, Verzweiflung). Diese emotionale Regulation kostet Energie – und kann langfristig zur Erschöpfung führen, wenn sie nicht bewusst gesteuert und durch ausreichende Erholung kompensiert wird.

Besonders belastend ist das Phänomen des emotionalen Engagements: Sozialarbeitende, die sich tief um ihre Klientinnen sorgen, tragen Fälle mit nach Hause, schlafen schlecht, denken in der Freizeit über Probleme nach und verlieren schrittweise die Fähigkeit, Berufs- und Privatleben zu trennen. Diese tiefe Identifikation ist menschlich verständlich – und professionell problematisch. Eine klare Grenze zwischen emotionalem Engagement in der Arbeit und der Fähigkeit zum Abschalten danach ist eine erlernte Kompetenz, die Zeit und Reflexion braucht.

10.2 Burnout: Entstehung, Symptome und Verlauf

Burnout bezeichnet einen Zustand chronischer Erschöpfung, der aus lang anhaltender beruflicher Überforderung resultiert. Das Konzept wurde in den 1970er Jahren von Herbert Freudenberger beschrieben und durch Christina Maslach und ihre Kolleginnen empirisch fundiert. Maslachs Modell umfasst drei Dimensionen: emotionale

Erschöpfung (das Gefühl, ausgebrannt, leer, restlos erschöpft zu sein), Depersonalisation oder Zynismus (zunehmende Distanz, Gleichgültigkeit oder sogar Ablehnung gegenüber Klientinnen, die man ursprünglich helfen wollte) und reduziertes persönliches Leistungserleben (das Gefühl, trotz Arbeit nichts zu bewirken und keine Fortschritte zu erzielen).

Frühwarnzeichen von Burnout sind: dauernde Müdigkeit, die durch Schlaf nicht verschwindet; zunehmende Reizbarkeit und Ungeduld gegenüber Klientinnen und Kollegen; körperliche Beschwerden ohne organische Ursache (Kopfschmerzen, Rückenprobleme, häufige Infekte); das Gefühl, dass die Arbeit keinen Sinn mehr ergibt; sozialer Rückzug; und Schlafstörungen. Diese Zeichen ernst zu nehmen – bei sich selbst und bei Kollegen – ist der erste Schritt der Prävention.

Ursachen für Burnout liegen auf mehreren Ebenen gleichzeitig: individuelle Faktoren (Perfektionismus, geringe Abgrenzungsfähigkeit, unrealistische Erwartungen an sich selbst und die eigene Wirksamkeit), interpersonale Faktoren (mangelnde Unterstützung im Team, Konflikte mit Vorgesetzten, belastende Klientenbeziehungen) und strukturelle Faktoren (zu hohe Fallzahlen, chronische Unterbesetzung, unzureichende Ressourcen, fehlende Anerkennung, mangelnde Entscheidungsautonomie). Eine Burnoutprävention, die nur auf individuelle Bewältigungsstrategien setzt und strukturelle Faktoren ausblendet, greift deshalb zu kurz – und ist manchmal sogar kontraproduktiv, weil sie impliziert, das Problem liege allein beim Einzelnen.

10.3 Sekundäre Traumatisierung und Compassion Fatigue

Sekundäre Traumatisierung (Secondary Traumatic Stress, STS) bezeichnet das Phänomen, dass Fachkräfte durch die intensive, empathische Auseinandersetzung mit traumatisierten Menschen selbst traumatische Symptome entwickeln können. Symptome ähneln denen einer posttraumatischen Belastungsstörung: Intrusionen (wiederkehrende, ungewollte Bilder oder Gedanken zu Erzählungen von Klientinnen), Vermeidungsverhalten, Hypervigilanz, Schlafstörungen und emotionale Taubheit. Fachkräfte, die in der Traumaarbeit, in der Flüchtlingsarbeit, im Kinderschutz oder in der Krisenintervention tätig sind, haben ein erhöhtes Risiko.

Compassion Fatigue (Mitgefühlserschöpfung) ist ein verwandtes Konzept: das schrittweise Abnehmen der Fähigkeit, Mitgefühl zu empfinden und zu zeigen, durch kumulative emotionale Belastung. Betroffene beschreiben das Gefühl, nicht mehr fühlen zu können, abgestumpft zu sein oder Klientinnen nicht mehr wirklich wahrnehmen zu können. Dieses Erleben ist erschreckend und häufig von Scham begleitet – weil man glaubt, als Sozialarbeiterin oder Sozialarbeiter gefühllos zu sein. Es ist in Wirklichkeit ein Schutzmechanismus des Nervensystems, der ernst genommen werden muss.

10.4 Selbstfürsorge als professionelle Praxis

Selbstfürsorge ist keine Selbstgefälligkeit und kein Luxus, sondern professionelle Notwendigkeit. Wer sich selbst nicht schützt, kann langfristig keine gute Arbeit für andere leisten. Das ist keine moralische Aussage, sondern eine empirisch gut belegte Tatsache. Selbstfürsorge umfasst körperliche Basisversorgung (ausreichend Schlaf, regelmäßige Bewegung, gesunde Ernährung), soziale Ressourcen (persönliche Beziehungen außerhalb des Berufs, die nicht von professionellen Hilfsdynamiken geprägt sind) und psychische Hygiene (die Fähigkeit, nach Feierabend abzuschalten, Grenzen zu setzen und die eigenen Gefühle wahrzunehmen und zu verarbeiten).

Auf der professionellen Ebene bedeutet Selbstfürsorge: Supervision und kollegiale Beratung regelmäßig und ernsthaft zu nutzen; Grenzen zu setzen gegenüber Überlastung, auch wenn das Druck erzeugt; Hilfe zu suchen, wenn die eigene Belastung zu groß wird; und zu akzeptieren, dass nicht alles lösbar ist – nicht jeder Klient wird sich verändern, nicht jede Familie wird wieder funktionieren. Diese Akzeptanz zu entwickeln, ohne in Zynismus oder Gleichgültigkeit abzugleiten, ist eine der schwierigsten und wichtigsten professionellen Reifungsaufgaben.

10.5 Supervision als struktureller Schutzfaktor

Supervision ist das wichtigste institutionelle Instrument zur Burnoutprävention und professionellen Entwicklung. Sie bietet einen geschützten, vertraulichen Raum, in dem belastende berufliche Erfahrungen bearbeitet werden können – mit Abstand, mit der Unterstützung einer qualifizierten Supervisorin und ohne institutionelle Sanktionsdrohung. Supervision schützt sowohl die Fachkraft als auch die Klientinnen: Sie sorgt dafür, dass persönliche Belastungen und blinde Flecken nicht unbemerkt in die professionelle Beziehung einfließen.

Supervision sollte nicht als Krisenintervention für besonders belastete Fachkräfte betrachtet werden, sondern als selbstverständlicher und kontinuierlicher Bestandteil professioneller Praxis. Eine Einrichtung, die ihren Mitarbeitenden keine regelmäßige Supervision ermöglicht, vernachlässigt ihre Fürsorgepflicht als Arbeitgeberin und riskiert langfristig den Qualitätsverlust ihrer Leistungen.

10.6 Organisationale Gesundheit als Führungsaufgabe

Burnoutprävention ist keine individuelle Angelegenheit – sie ist eine Führungsaufgabe. Organisationen, die ihre Mitarbeitenden nachhaltig beschäftigen wollen, müssen in psychische Gesundheit investieren: durch realistische und faire Aufgabenverteilung, transparente Führung, konsequente Anerkennung von Leistung, eine Fehlerkultur, die Fehler als Lernmöglichkeiten behandelt und nicht als Versagen, sowie Partizipationsmöglichkeiten für Mitarbeitende bei der Gestaltung von Arbeitsbedingungen. Eine Einrichtung, die systematisch Burnout produziert, muss dies als institutionelles Versagen begreifen – nicht als persönliche Schwäche ihrer Mitarbeitenden.

10.7 Reflexion über eigene Belastungsmuster

Selbstkenntnis ist eine professionelle Kompetenz. Wer weiß, welche Situationen bei sich selbst besonders starke emotionale Reaktionen auslösen, welche Klientengeschichten persönlich besonders nah gehen und welche Bewältigungsstrategien man in Stressphasen nutzt, kann präventiv handeln und Krisen früher erkennen. Diese Selbstkenntnis entwickelt sich nicht von selbst – sie braucht Reflexion, Feedback und manchmal auch Therapie oder Coaching.

Eine nützliche Frage für die regelmäßige Selbstreflexion: Woran merke ich, dass ich an meine Grenzen stoße? Körperliche Symptome (Schlafprobleme, Kopfschmerzen), Verhaltensveränderungen (sozialer Rückzug, Konsum von Alkohol oder anderen Substanzen), kognitive Muster (Grübeln, Schwarzmalerei, das Gefühl der Sinnlosigkeit) oder emotionale Reaktionen (Reizbarkeit, Gleichgültigkeit, Weinen) sind mögliche Warnsignale. Wer diese Signale kennt, kann früher reagieren.

10.8 Institutionelle Ressourcen und Fürsorgepflicht des Arbeitgebers

Arbeitgeber in der Sozialen Arbeit haben eine rechtliche Fürsorgepflicht gegenüber ihren Beschäftigten, die sich aus dem Arbeitsschutzgesetz ergibt. Psychische

Gefährdungsbeurteilungen – die Bewertung psychischer Belastungen am Arbeitsplatz – sind seit 2013 gesetzlich vorgeschrieben, werden aber in vielen Einrichtungen noch immer nicht oder nicht ausreichend durchgeführt. Fachkräfte haben das Recht, diese einzufordern.

Weitere institutionelle Ressourcen umfassen: betriebliches Gesundheitsmanagement, interne Mitarbeiterunterstützungsprogramme (Employee Assistance Programs, EAP), Betriebsräte als Interessensvertretung und regelmäßige Teamkonferenzen, in denen Belastungsthemen besprochen werden können. Eine Einrichtungsleitung, die Burnoutprävention ernst nimmt, macht diese Themen explizit – und schafft eine Kultur, in der über Belastungen gesprochen werden kann, ohne Konsequenzen zu fürchten.

Reflexionsaufgaben für Kapitel 10

1. Erstellen Sie eine persönliche Selbstfürsorge-Checkliste: Was tut mir gut? Was brauche ich, um langfristig belastbar zu bleiben? Welche Ressourcen habe ich? 2. Diskutieren Sie: Wo liegt die Verantwortung für Burnoutprävention – beim Individuum, beim Team, beim Träger, beim Gesetzgeber? 3. Gibt es Aspekte der Sozialen Arbeit, von denen Sie heute schon wissen, dass sie Ihnen persönlich schwerfallen werden? Was können Sie jetzt schon tun?

Zusammenfassung Kapitel 10

Burnout und sekundäre Traumatisierung sind reale Risiken in der Sozialen Arbeit. Prävention braucht Selbstfürsorge auf der individuellen Ebene, Supervision auf der professionellen Ebene und eine gesundheitsfördernde Organisationskultur auf der institutionellen Ebene. Selbstfürsorge ist keine Schwäche, sondern professionelle Verantwortung – gegenüber sich selbst, den Klientinnen und der Profession.

Kapitel 11: Studium und Berufseinstieg

Vom Hörsaal in die Praxis – und zurück

Das Studium der Sozialen Arbeit ist eine intensive Phase: fachlich, persönlich und manchmal auch emotional. Es ist weder ein reines Theoriestudium noch eine reine Berufsausbildung, sondern beides zugleich – eine Kombination, die manchmal irritierend sein kann, wenn man noch nicht verstanden hat, warum Theorie und Praxis einander brauchen. Wer gut vorbereitet startet, klug plant und Studium und Praxis miteinander verbindet, legt den Grundstein für eine professionell anspruchsvolle und persönlich erfüllende Berufskarriere.

11.1 Die Studienlandschaft Soziale Arbeit in Deutschland

Soziale Arbeit wird in Deutschland überwiegend an Fachhochschulen (heute oft: Hochschulen für angewandte Wissenschaften) studiert. Es gibt bundesweit über 200 Studienstandorte, von kleinen konfessionellen Hochschulen bis zu großen staatlichen Fachhochschulen in Ballungsräumen. Der Abschluss ist in der Regel der Bachelor of Arts (B.A.) nach sieben Semestern (3,5 Jahre). Darauf aufbauend gibt es zahlreiche Masterstudiengänge mit unterschiedlichen Profilen: klinische Soziale Arbeit, Sozialmanagement, Bildung und Beratung, Sozialforschung oder spezifische Arbeitsfeldspezialisierungen. Promotionsmöglichkeiten bestehen mittlerweile auch an Fachhochschulen, die das Promotionsrecht erhalten haben, und an kooperierenden Universitäten.

Die Studienpläne variieren je nach Hochschule erheblich, umfassen aber typischerweise: Sozialwissenschaftliche Grundlagen (Soziologie, Psychologie, Politikwissenschaft), Rechtswissenschaft (vor allem Sozialrecht und Familienrecht), Theorien und Methoden Sozialer Arbeit, Arbeitsfelder und deren spezifische Themen, Praxissemester (in der Regel ein ganzes Semester in einer Einrichtung) und eine empirische oder theoretische Bachelor-Thesis. Wichtig: Die Qualität eines Studiums hängt nicht nur vom Curriculum ab, sondern auch davon, wie aktiv man sich einbringt, fragt und reflektiert.

11.2 Das Studium aktiv gestalten

Erfolgreiches Studieren bedeutet – gerade in der Sozialen Arbeit – Theorie und Praxis aktiv miteinander verbinden. Wer einen Seminarvortrag über Armut hält, sollte sich fragen: Kenne ich Menschen, die von Armut betroffen sind? Was würden sie zu dieser Theorie sagen? Wer in der Praxis eine herausfordernde Situation erlebt hat, sollte beim Lesen von Fachartikeln fragen: Welche Theorie hätte geholfen, diese Situation besser zu verstehen?

Besonders wertvoll ist die Peer-Gruppe: Gemeinsam mit Kommilitoninnen und Kommilitonen zu lernen, Fälle zu diskutieren, unterschiedliche Perspektiven einzubringen und zu streiten ist eine der wichtigsten Ressourcen im Studium. Viele Studierende unterschätzen diesen informellen Lernraum und lernen lieber allein – das ist oft weniger effektiv. Soziale Arbeit ist ein Beziehungsberuf; bereits im Studium beginnt die Auseinandersetzung damit, was es bedeutet, mit anderen zu denken und zu arbeiten.

Persönliche Reflexion ist eine weitere unverzichtbare Dimension: Warum habe ich dieses Studium gewählt? Was bewegt mich, wenn ich von sozialer Ungerechtigkeit höre? Wie reagiere ich, wenn jemand eine völlig andere politische Meinung vertritt als ich? Welche Gruppen von Menschen finde ich schwierig – und warum? Diese Fragen sind nicht nett-to-have, sondern professionelle Grundarbeit. Wer sie nicht stellt, bringt unbewusste Annahmen und unbearbeitete Vorurteile in seine spätere professionelle Arbeit.

11.3 Praktika klug nutzen

Praktika sind neben Seminar und Selbststudium eine der wichtigsten Lernorte im Studium. Die Wahl des Praktikumsplatzes ist strategisch bedeutsam: Einerseits sollte man Erfahrungen in Bereichen sammeln, die einen wirklich interessieren und die man sich als späteres Berufsfeld vorstellen kann; andererseits lohnt es sich, auch in unbekannte oder zunächst fremde Felder hineinzuschnuppern – wer im Studium nur das Vertraute wählt, verpasst die Chance, neue Möglichkeiten zu entdecken.

Eine gute Praktikumsanleitung – durch eine erfahrene Fachkraft, die Zeit für regelmäßige Reflexionsgespräche aufwendet, Feedback gibt und die Praktikantin als lernende Person ernst nimmt – ist Gold wert. Leider ist nicht jede Praktikumsanleitung gut. Falls die Anleitung unzureichend ist: proaktiv Gespräche einfordern, Fragen stellen, Beobachtungen mitteilen. Und falls gar nichts klappt: das als Lernfeld für den Umgang mit schwierigen institutionellen Bedingungen nutzen.

11.4 Der Berufseinstieg und das Impostor-Syndrom

Der Übergang vom Studium in den Beruf ist für viele eine intensive und manchmal erschreckende Phase. Die Erwartungen an sich selbst sind häufig hoch: Man hat sieben Semester studiert, hat eine Thesis geschrieben und fühlt sich trotzdem irgendwie nicht vorbereitet auf das, was jetzt kommt. Das ist normal – nicht weil das Studium schlecht war, sondern weil praktische Kompetenz Zeit braucht und nicht aus Büchern entsteht, sondern aus Erfahrung und Reflexion.

Das sogenannte Impostor-Syndrom bezeichnet das Gefühl, trotz nachgewiesener Kompetenz eine Hochstaplerin zu sein – dass man eigentlich nicht weiß, was man tut, und dass andere das früher oder später bemerken werden. Dieses Gefühl ist in helfenden Berufen besonders verbreitet, weil die Arbeit komplex und nicht immer klar bewertbar ist. Die gute Nachricht: Es vergeht in der Regel mit zunehmender Berufserfahrung. Die schlechte Nachricht: Wer nie anfängt zu arbeiten, weil er sich erst sicher fühlen will, wartet vergeblich. Man lernt, indem man tut – reflektiert und begleitet, aber tun muss man es selbst.

11.5 Lebenslanges Lernen und Weiterbildung

Die Soziale Arbeit verändert sich kontinuierlich: neue Gesetzgebungen verändern Zuständigkeiten und Verfahren, neue gesellschaftliche Herausforderungen entstehen, neue Methoden werden entwickelt und empirisch geprüft, neue Forschungsergebnisse verändern das Verständnis von Phänomenen wie Trauma, Armut oder Behinderung. Wer nach dem Studium aufhört zu lernen, wird feststellen, dass sein Wissen veraltet – und dass die Klientinnen und Klienten das merken, auch wenn sie es nicht benennen.

Weiterbildungsformate umfassen: Fachtagungen (aktueller Stand der Forschung und Praxis, Vernetzung), Zertifikatskurse (systemische Beratung, Traumapädagogik, Soziotherapie), berufsbegleitende Masterstudiengänge, Supervision (die selbst ein Lernformat ist) und kollegiale Beratung. Viele Träger finanzieren Weiterbildung als Teil ihrer Personalentwicklung – Fachkräfte sollten diese Möglichkeiten aktiv einfordern und nicht darauf warten, dass sie von Vorgesetzten angeboten werden.

11.6 Karrierewege und berufliche Entwicklung

Soziale Arbeit bietet vielfältigere Karrierewege, als viele beim Berufseinstieg denken. Die direkteste Linie führt von der Berufsausübung (operative Ebene, direkte Arbeit mit

Klientinnen) zur Fachberatung oder Fachleitung (Begleitung anderer Fachkräfte, fachliche Qualitätsentwicklung) und zur Einrichtungsleitung (Organisation, Personal, Strategie). Parallel dazu gibt es Wege in Wissenschaft und Forschung (Promotion, Hochschullehre), in die Sozialpolitik (Verbände, Kammern, politische Beratung) und in die Aus- und Weiterbildung.

Führungspositionen in der Sozialen Arbeit erfordern spezifische Kompetenzen, die im Grundstudium oft nicht oder nur am Rande vermittelt werden: betriebswirtschaftliches Grundwissen (Budgetplanung, Finanzierungsstrukturen, Controlling), Personalführung (Motivation, Feedback, Konfliktmanagement) und strategisches Denken (Zukunftsorientierung, Organisationsentwicklung). Wer eine Leitungsposition anstrebt, sollte diese Kompetenzen gezielt durch Weiterbildung und Mentoring entwickeln.

11.7 Networking und professionelle Gemeinschaft

Soziale Arbeit ist – trotz ihrer individuellen Dimension – keine einsame Tätigkeit. Die Einbindung in professionelle Netzwerke, Fachverbände und Gemeinschaften ist wichtig für die berufliche Entwicklung, die fachliche Weiterbildung und den eigenen Rückhalt. Der DBSH ist der wichtigste deutsche Berufsverband; er bietet Weiterbildungen, Fachzeitschriften, rechtliche Beratung für Mitglieder und politische Interessensvertretung.

Neben dem DBSH gibt es zahlreiche arbeitsfeldbezogene Fachverbände und Fachgesellschaften, Hochschul-Alumni-Netzwerke und informelle professionelle Gemeinschaften. Digitale Netzwerke – LinkedIn, Fachgruppen auf Plattformen, fachspezifische Newsletter – können ergänzend genutzt werden. Die Bereitschaft, sich in solche Gemeinschaften einzubringen – durch Mitarbeit, Beiträge, Mentoring – ist nicht nur ein persönlicher Gewinn, sondern eine Investition in die Profession als Ganzes.

11.8 Gehaltsverhandlung und Tarifrecht

Soziale Arbeit wird in Deutschland überwiegend nach Tarifverträgen vergütet: im öffentlichen Dienst nach dem TVöD (Tarifvertrag für den öffentlichen Dienst), bei kirchlichen Trägern nach AVR (Arbeitsvertragsrichtlinien der Caritas oder der Diakonie).

Diese Tarife sind nicht geheim – sie sind öffentlich einsehbar und sollten als Verhandlungsgrundlage bekannt sein.

Wer in einer Einrichtung anfängt, die keinem Tarifvertrag unterliegt, muss eigenständig verhandeln. Sich über ortsübliche Gehälter zu informieren (Gehaltsportale, Berufsverbände, Kommilitoninnen) und einen begründeten Gehaltswunsch zu formulieren – das gehört zur professionellen Selbstbehauptung. Soziale Arbeit verdient faire Vergütung – und diese einzufordern ist kein Zeichen von Geldgier, sondern von professionellem Selbstbewusstsein.

Reflexionsaufgaben für Kapitel 11

1. Entwickeln Sie einen persönlichen Karriereplan: Wo wollen Sie in fünf Jahren sein? Was müssen Sie dafür lernen, welche Erfahrungen sammeln? 2. Recherchieren Sie die Gehälter in Ihrem bevorzugten Arbeitsfeld. Wie zufrieden sind Sie damit – und was müsste sich ändern? 3. Welche Weiterbildung möchten Sie nach dem Studium als erstes machen – und warum?

Zusammenfassung Kapitel 11

Das Studium der Sozialen Arbeit verbindet Theorie und Praxis und erfordert aktive Gestaltung. Praktika, Peer-Learning und persönliche Reflexion sind wesentliche Lernorte neben dem Seminar. Der Berufseinstieg bringt Unsicherheit mit sich – und das Impostor-Syndrom ist normal. Lebenslanges Lernen ist keine Option, sondern professionelle Verpflichtung. Die Karrierewege in der Sozialen Arbeit sind vielfältiger, als viele anfangs ahnen.

Kapitel 12: Herausforderungen und Zukunft der Sozialen Arbeit

Die Profession zwischen Bewährtem und Unbekanntem

Soziale Arbeit hat sich in ihrer Geschichte immer wieder neu erfunden – in Reaktion auf gesellschaftliche Veränderungen, politische Reformen und neue wissenschaftliche Erkenntnisse. Die Herausforderungen, vor denen die Profession heute steht, sind größer und komplexer als je zuvor. Digitalisierung, Klimawandel, zunehmende soziale Ungleichheit, demografischer Wandel und globale Migrationsbewegungen verändern die Bedarfslagen fundamental und stellen die Profession vor Fragen, auf die es noch keine fertig entwickelten Antworten gibt. Dieses abschließende Kapitel beschreibt diese Herausforderungen – und formuliert eine optimistische Perspektive auf die Zukunft der Sozialen Arbeit.

12.1 Fachkräftemangel und strukturelle Unterfinanzierung

Der Fachkräftemangel in der Sozialen Arbeit ist eklatant und in den vergangenen Jahren weiter gestiegen. In Jugendämtern, Beratungsstellen, Einrichtungen der Wohnungslosenhilfe und Pflegeeinrichtungen fehlen qualifizierte Fachkräfte in erheblichem Ausmaß. Die Folgen sind real: steigende Fallzahlen, weniger Zeit für jede einzelne Klientin, höherer Druck auf verbleibende Mitarbeitende, erhöhtes Burnoutrisiko – und letztlich schlechtere Versorgungsqualität für die Menschen, die am meisten auf Unterstützung angewiesen sind.

Gleichzeitig ist die Vergütung in der Sozialen Arbeit im Vergleich zu anderen akademischen Berufen nach wie vor niedrig. Trotz Tarifrunden, die in jüngster Vergangenheit Verbesserungen brachten, liegt das Gehaltsniveau deutlich unter dem akademisch vergleichbarer Berufe im öffentlichen Dienst oder in der Privatwirtschaft. Die gesellschaftliche Anerkennung der Profession bleibt hinter ihrer gesellschaftlichen Relevanz zurück. Diese Lücke ist kein Naturgesetz – sie ist das Ergebnis politischer Entscheidungen und gesellschaftlicher Prioritäten. Sie zu verändern, erfordert politisches Engagement der Profession, der Verbände und der Gesellschaft insgesamt.

12.2 Digitalisierung: Chancen und Risiken

Die Digitalisierung verändert nahezu alle Bereiche der Sozialen Arbeit. Digitale Fallmanagementsysteme erleichtern Dokumentation, Fallsteuerung und

Datenverwaltung – stellen aber auch hohe Anforderungen an die digitale Kompetenz von Fachkräften und deren Bereitschaft, mit neuen Systemen zu arbeiten. Online-Beratung via Videokonferenz, Chat oder spezialisierten Plattformen ermöglicht niedrigschwelligen Zugang für Menschen, die persönliche Gespräche als zu bedrohlich erleben oder räumlich oder zeitlich eingeschränkt sind.

Künstliche Intelligenz (KI) hält Einzug in die Soziale Arbeit: Algorithmen werden bereits in einigen Ländern eingesetzt, um Risiken für Kindeswohlgefährdung einzuschätzen, Ressourcenbedarfe zu prognostizieren oder Jobvermittlungen zu unterstützen. Diese Entwicklung ist ambivalent: KI kann Entlastung bringen und Muster erkennen, die Menschen übersehen. Sie kann aber auch Diskriminierung verstärken (wenn Algorithmen auf historisch verzerrten Daten trainiert werden), Transparenz verringern und professionelles Urteilsvermögen durch scheinbar objektive Systeme ersetzen. Professionell reflektierter Umgang mit KI bedeutet: diese Risiken kennen, benennen und bei der Einführung solcher Systeme kritisch mitwirken.

Digital Literacy – die Fähigkeit, digitale Technologien zu verstehen, zu nutzen und kritisch zu reflektieren – ist heute eine professionelle Grundkompetenz der Sozialen Arbeit. Das gilt für die eigene Praxis (digitale Werkzeuge nutzen und deren Grenzen kennen), für die Arbeit mit Klientinnen (digitale Teilhabe fördern, digitale Ausgrenzung identifizieren und bekämpfen) und für die gesellschaftspolitische Diskussion (Datenschutz, algorithmische Diskriminierung, Überwachungskapitalismus als Themen Sozialer Arbeit).

12.3 Migration und Flucht als dauerhafte Realität

Migration ist kein vorübergehendes Phänomen, das irgendwann endet und wieder verschwindet – sie ist eine strukturelle Realität des 21. Jahrhunderts. Klimawandel, politische Instabilität, wirtschaftliche Ungleichheit und Kriege werden globale Migrationsbewegungen weiter antreiben. Für die Soziale Arbeit in Deutschland bedeutet das: Die Fähigkeit, mit Menschen aus unterschiedlichsten kulturellen, sprachlichen und religiösen Hintergründen professionell zu arbeiten, ist keine optionale Spezialisierung, sondern eine Grundkompetenz.

Interkulturelle Kompetenz umfasst: Wissen über verschiedene kulturelle Kontexte und Wertesysteme, die Fähigkeit zur Perspektivübernahme, die Bereitschaft, die eigene kulturelle Prägung zu reflektieren, und ein kritisches Bewusstsein gegenü rassistischen und diskriminierenden Strukturen – auch innerhalb der eigenen Profession und der eigenen Einrichtung. Mehrsprachige Angebote, Dolmetscherdienste und kultursensible Konzepte sind keine Extras für eine kleine Zielgruppe, sondern notwendige Voraussetzungen für gerechten Zugang zu sozialen Diensten.

12.4 Soziale Ungleichheit und Armutsbekämpfung

Trotz Wirtschaftswachstum und relativem Wohlstand ist die Einkommens- und Vermögensungleichheit in Deutschland in den vergangenen Jahrzehnten gestiegen. Kinderarmut betrifft in Deutschland rund 20 Prozent aller Kinder – eine erschreckende Zahl in einem der reichsten Länder der Welt. Altersarmut nimmt zu, insbesondere bei Frauen und bei Menschen mit Migrationsbiografie. Working Poor – Menschen, die trotz Vollzeitarbeit in Armut leben – ist kein Randphänomen mehr. Diese Entwicklungen haben direkte Auswirkungen auf die Nachfrage nach sozialen Diensten und auf die Arbeitsbedingungen von Sozialarbeitenden.

Soziale Arbeit muss Armut konsequent als strukturelles Problem begreifen und benennen – nicht als individuelles Versagen oder persönliche Schwäche. Das bedeutet: in Beratungsgesprächen die strukturellen Dimensionen von Armut sichtbar zu machen; anwaltschaftlich für Klientinnen einzutreten, die von Stigmatisierung und Diskriminierung betroffen sind; und sich als Profession politisch einzumischen, wenn sozialpolitische Entscheidungen den Klientinnen schaden. Soziale Arbeit hat eine sozialpolitische Stimme – und sie muss sie nutzen.

12.5 Klimawandel und Klimagerechtigkeit

Der Klimawandel ist nicht nur ein ökologisches Problem – er ist zutiefst ein soziales. Die Folgen des Klimawandels treffen ärmere Menschen, ärmere Regionen und ärmere Länder unverhältnismäßig schwerer als Wohlhabende und Reiche. Hitzewellen töten vor allem ältere Menschen in schlecht isolierten Wohnungen ohne Klimaanlage. Überschwemmungen zerstören die Häuser von Menschen, die keine Versicherung haben und sich keinen Neuaufbau leisten können. Klimamigration zwingt Menschen, ihre Heimat zu verlassen – oft ohne rechtliche Anerkennung als Geflüchtete.

Climate Justice – Klimagerechtigkeit – ist damit auch ein Thema der Sozialen Arbeit. Konkrete Handlungsfelder entstehen: Hitzeschutz für vulnerable Gruppen (ältere Menschen, Menschen mit Behinderungen, Obdachlose), psychosoziale Unterstützung nach Klimakatastrophen (Überschwemmungen, Stürme, Waldbrände), Begleitung von Klimamigrantinnen und die Integration von Klimagerechtigkeit in sozialpolitische Debatten. Die Soziale Arbeit ist gut positioniert, diese Verbindungen herzustellen – weil sie ohnehin an den Schnittstellen sozialer Ungleichheit arbeitet.

12.6 Perspektiven: Warum die Soziale Arbeit Zukunft hat

Trotz aller Herausforderungen gibt es guten Grund für Optimismus. Soziale Arbeit ist gesellschaftlich unverzichtbar – das wird angesichts wachsender sozialer Komplexität nicht abnehmen, sondern zunehmen. Die Professionalisierung schreitet voran: Forschung und Praxis rücken enger zusammen, die Evidenzbasis für wirksame Interventionen wächst, internationale Vernetzung stärkt die Innovationskraft. Neue Konzepte – Capability-Ansatz, Critical Social Work, Inklusive Soziale Arbeit, Green Social Work – erweitern das theoretische Repertoire und eröffnen neue Handlungsoptionen.

Die Zukunft der Sozialen Arbeit liegt in ihrer Fähigkeit, sich zu verändern, ohne ihre Werte aufzugeben. Neue Methoden, neue Settings, neue Zielgruppen – aber derselbe Kern: die Überzeugung, dass jeder Mensch Würde hat, Unterstützung verdient und das Recht hat, sein Leben so zu gestalten, wie es seinen Fähigkeiten und Wünschen entspricht. Diese Überzeugung ist nicht naiv – sie ist das, was den Beruf trägt, auch wenn die Bedingungen schwierig sind.

Wer Soziale Arbeit studiert, tritt in eine Gemeinschaft von Menschen ein, die seit mehr als einem Jahrhundert glauben, dass gesellschaftliche Verhältnisse veränderbar sind – und die bereit sind, für diese Überzeugung zu arbeiten. Das ist kein kleiner Anspruch. Es ist eine Einladung.

12.7 Soziale Arbeit und künstliche Intelligenz im Detail

Algorithmen werden bereits in verschiedenen Ländern eingesetzt, um Entscheidungen in der Sozialen Arbeit zu unterstützen. In den USA wurde das System PredPol zur Vorhersage von Kriminalitätshotspots eingesetzt; AFST (Allegheny Family Screening Tool) schätzt das Risiko von Kindesmisshandlung auf der Basis von Sozialdaten ein. In Deutschland sind solche Systeme noch wenig verbreitet, aber die Diskussion hat begonnen.

Die Risiken algorithmischer Entscheidungsunterstützung sind erheblich: Systeme, die auf historischen Daten trainiert werden, perpetuieren historische Diskriminierungen. Menschen in armen Stadtteilen oder mit bestimmten Merkmalen werden systematisch höher eingestuft – nicht weil sie tatsächlich mehr gefährden, sondern weil Armut und Diskriminierung statistisch mit bestimmten Outcomes korrelieren. Das Ergebnis: Algorithmen diskriminieren auf scheinbar objektive Weise und können dabei Ungleichheit verstärken statt zu reduzieren.

Professionelle Soziale Arbeit muss sich zu diesen Entwicklungen positionieren: als kritische Begleiterin (die Risiken benennt und Transparenz einfordert), als mitgestaltende Expertin (die bei der Entwicklung von KI-Systemen mitwirkt und ethische Standards einbringt) und als Anwältin ihrer Klientinnen (die sicherstellt, dass algorithmische Entscheidungen nicht unreflektiert übernommen werden und Widerspruchsmöglichkeiten bestehen).

12.8 Die Professionspolitik der Sozialen Arbeit

Soziale Arbeit als Profession braucht eine politische Stimme. Der DBSH und andere Fachverbände vertreten die Interessen der Profession gegenüber Politik, Medien und Öffentlichkeit. Sie setzen sich für bessere Rahmenbedingungen, faire Vergütung, ausreichend Ressourcen und gesellschaftliche Anerkennung ein. Diese Arbeit ist notwendig – und sie ist Sache aller Fachkräfte, nicht nur der Verbandsvertreterinnen.

Jede Sozialarbeiterin, die in einem Gespräch klar macht, was ihre Arbeit bedeutet und warum sie gesellschaftlich unverzichtbar ist, trägt zur Professionspolitik bei. Jede Fachkraft, die einen Artikel schreibt, ein Interview gibt, an einem Podiumsgespräch teilnimmt oder eine politische Veranstaltung besucht, stärkt die Sichtbarkeit der Profession. Politisches Engagement ist keine Ablenkung von der eigentlichen Arbeit – es ist Teil davon.

> **Reflexionsaufgaben für Kapitel 12**
> 1. Was sind Ihrer Meinung nach die drei drängendsten Herausforderungen für die Soziale Arbeit in Deutschland in den nächsten zehn Jahren? Begründen Sie Ihre Wahl. 2. Wie stehen Sie persönlich zur Nutzung von KI in der Sozialen Arbeit? Welche Grenzen würden Sie setzen? 3. Was möchten Sie persönlich beitragen, um die Zukunft der Sozialen Arbeit mitzugestalten?

Zusammenfassung Kapitel 12

Die Herausforderungen der Sozialen Arbeit sind vielfältig und real: Fachkräftemangel, Digitalisierung, Migration, soziale Ungleichheit und Klimawandel verlangen neue Antworten und professionelle Weiterentwicklung. Die Profession hat die Ressourcen und die Werte, diese Antworten zu geben – wenn sie ihre Stimme erhebt, ihre Werte nicht aufgibt und kontinuierlich lernt. Die Soziale Arbeit hat Zukunft.

Weiterführende Literatur

Einführungswerke

Thole, W. (Hrsg.) (2012). Grundriss Soziale Arbeit. Ein einführendes Handbuch. 4. Auflage. Wiesbaden: VS Verlag für Sozialwissenschaften. – Das umfassendste deutschsprachige Einführungshandbuch zur Sozialen Arbeit; unverzichtbar für Studium und Praxis.

Galuske, M. (2013). Methoden der Sozialen Arbeit. Eine Einführung. 10. Auflage. Weinheim und München: Juventa. – Systematische Darstellung der klassischen und neueren Methoden; klar strukturiert und gut lesbar.

Otto, H.-U. & Thiersch, H. (Hrsg.) (2011). Handbuch Soziale Arbeit. Grundlagen der Sozialarbeit und Sozialpädagogik. 4. Auflage. München und Basel: Ernst Reinhardt Verlag. – Nachschlagewerk mit Beiträgen zu allen zentralen Themen der Sozialen Arbeit.

Wendt, W. R. (2015). Geschichte der Sozialen Arbeit. 6. Auflage. Weinheim: Beltz Juventa. – Standardwerk zur historischen Entwicklung der Sozialen Arbeit von der Antike bis zur Gegenwart.

Theorien der Sozialen Arbeit

Thiersch, H. (2012). Lebensweltorientierte Soziale Arbeit revisited. Weinheim: Beltz Juventa. – Das maßgebliche Werk zur Lebensweltorientierung; Pflichtlektüre für alle, die mit diesem Konzept arbeiten wollen.

Staub-Bernasconi, S. (2018). Soziale Arbeit als Handlungswissenschaft. 2. Auflage. Bern: Haupt UTB. – Grundlegende theoretische Positionierung Sozialer Arbeit als eigenständige Wissenschaft.

Herriger, N. (2014). Empowerment in der Sozialen Arbeit. Eine Einführung. 5. Auflage. Stuttgart: Kohlhammer. – Beste deutschsprachige Einführung zum Empowerment-Konzept.

Antonovsky, A. (1997). Salutogenese. Zur Entmystifizierung der Gesundheit. Tübingen: dgvt. – Grundlagentext zur Salutogenese; auch für Nicht-Mediziner gut zugänglich.

Ethik und Berufspraxis

DBSH (2014). Berufsethik des DBSH – Ethik und Werte. Fassung in der Überarbeitung. Berlin: DBSH. – Berufskodex des deutschen Berufsverbands; frei verfügbar auf der DBSH-Website.

Banks, S. (2012). Ethics and Values in Social Work. 4th edition. London: Palgrave Macmillan. – Internationales Standardwerk zu ethischen Fragen in der Sozialen Arbeit.

Böhnisch, L. & Lösch, H. (2013). Das Lebensweltkonzept. Weinheim: Beltz Juventa.

Methoden und Beratung

Miller, W. R. & Rollnick, S. (2015). Motivierende Gesprächsführung. 3. vollständig überarbeitete Auflage. Freiburg im Breisgau: Lambertus. – Standardwerk zu Motivational Interviewing; praxisnah und evidenzbasiert.

Spiegel, H. von (2018). Methodisches Handeln in der Sozialen Arbeit. Grundlagen und Arbeitshilfen für die Praxis. 6. Auflage. München: Reinhardt. – Umfassende Methodenübersicht mit vielen Praxisbeispielen.

Shazer, S. de (2014). Der Dreh. Überraschende Wendungen und Lösungen in der Kurzzeittherapie. Heidelberg: Carl-Auer. – Klassiker der lösungsfokussierten Beratung.

Selbstfürsorge und Burnoutprävention

Maslach, C. & Leiter, M. P. (2011). Burnout. Stress im Beruf – und was man dagegen tun kann. München: mvg Verlag. – Maslachs eigene populärwissenschaftliche Darstellung ihrer Burnout-Forschung.

Figley, C. R. (Hrsg.) (1995). Compassion Fatigue: Coping with Secondary Traumatic Stress Disorder in Those Who Treat the Traumatized. New York: Brunner/Mazel. – Grundlagenwerk zu Sekundärer Traumatisierung und Compassion Fatigue.

Rechtliche Grundlagen

Wiesner, R. & Wapler, F. (Hrsg.) (2022). SGB VIII. Kinder- und Jugendhilfe. Kommentar. 6. Auflage. München: C.H. Beck. – Umfassender Kommentar zum Kinder- und Jugendhilferecht.

Fegert, J. M. & Wolff, M. (Hrsg.) (2015). Kompendium Kinderschutz. Stuttgart: Schattauer.

Aktuelle Themen

Kutscher, N., Ley, T., Seelmeyer, U., Siller, F., Tillmann, A. & Zorn, I. (Hrsg.) (2020). Handbuch Soziale Arbeit und Digitalisierung. Weinheim: Beltz Juventa. – Aktuellstes Handbuch zu digitalen Fragen in der Sozialen Arbeit.

Butterwegge, C. (2020). Armut. Ursachen, Erscheinungsformen und Gegenmassnahmen. Bonn: bpb. – Verständliche Einführung in die Armutsdebatte.

Bourdieu, P. (2004). Das Elend der Welt. Konstanz: UVK. – Soziologische Analyse sozialer Ausgrenzung; auch für Nicht-Soziologen lesenswert.

IFSW/IASSW (2014). Globale Definition der Sozialen Arbeit. Verfügbar unter: www.ifsw.org – Maßgebliche internationale Definition der Profession.

Glossar: Zentrale Begriffe der Sozialen Arbeit

Dieses Glossar erklaert zentrale Begriffe der Sozialen Arbeit in kompakter Form. Es erhebt keinen Anspruch auf Vollstaendigkeit, soll aber einen schnellen Einstieg und eine zuverlassige Orientierung bei haeufig verwendeten Fachbegriffen bieten. Die Definitionen orientieren sich am aktuellen Stand der deutschsprachigen Fachdiskussion.

A

Allgemeiner Sozialer Dienst (ASD): Fachdienst im kommunalen Jugendamt, der als erste Anlaufstelle fuer Familien in Krisen dient und gleichzeitig staatliche Kontrollfunktionen im Kinderschutz wahrnimmt. Der ASD bearbeitet Meldungen ueber Kindeswohlgefaehrdung und koordiniert Hilfen zur Erziehung.

Ambulante Hilfen: Unterstuetzungsleistungen, die Menschen in ihrem eigenen Lebensumfeld (Wohnung, Familie) erhalten, ohne in einer Einrichtung zu leben. Beispiele: Sozialpaeadagogische Familienhilfe, Erziehungsbeistandschaft, Mobile Betreuung.

Anwaltschaftliche Funktion: Die Aufgabe von Sozialarbeitenden, Klientinnen und Klienten bei der Durchsetzung ihrer Rechte zu unterstuetzen, ihre Interessen gegenueber Behoerden zu vertreten und fuer soziale Gerechtigkeit einzutreten.

Assessment: Systematische, mehrdimensionale Einschaetzung einer sozialen Situation. Umfasst Ressourcen, Belastungen, Risikofaktoren und Handlungsmoeglichkeiten. Grundlage fuer die Hilfeplanung.

Aufopferungssyndrom: Tendenz von Fachkraeften in helfenden Berufen, eigene Beduerfnisse dauerhaft hintenanzustellen und sich vollstaendig fuer andere aufzuopfern – mit hohem Burnoutrisiko.

B

Berufskodex: Schriftlich formulierte ethische Standards einer Profession. Der DBSH-Berufskodex formuliert die Werte und Prinzipien Sozialer Arbeit in Deutschland und orientiert sich an den internationalen Ethikprinzipien von IFSW und IASSW.

Beziehungsarbeit: Der Aufbau und die Gestaltung einer tragfaehigen professionellen Beziehung als zentrales Wirkprinzip Sozialer Arbeit. Ohne eine belastbare Beziehung sind die meisten Interventionen wirkungslos.

Bundesteilhabegesetz (BTHG): 2017 verabschiedetes Gesetz, das Menschen mit Behinderungen staerkere Selbstbestimmung, mehr Wunsch- und Wahlrecht und personenzentrierte Leistungen garantiert. Vollstaendig seit 2020 in Kraft.

Burnout: Zustand chronischer Erschoepfung durch anhaltende berufliche Ueberlastung. Umfasst emotionale Erschoepfung, Depersonalisation (Zynismus) und reduziertes Leistungserleben. In sozialen Berufen besonders haeufig.

C

Case Management: Methode zur Koordination und Steuerung von Hilfen bei komplexen Problemlagen. Umfasst Assessment, Hilfeplanung, Koordination der Leistungen, Monitoring und Evaluation.

Compassion Fatigue: Mitgefuehlserschoepfung; das Abnehmen der Faehigkeit zur Empathie durch kumulative emotionale Belastung. Besonders bei Fachkraeften in der Traumaarbeit verbreitet.

Community Organizing: Methode der Gemeinwesenarbeit, die Betroffene zur kollektiven Selbstorganisation befahigt, um gemeinsam fuer ihre Interessen einzutreten.

D

Datenschutz: Rechtlicher Schutz personenbezogener Daten vor unerlaubter Verarbeitung. In der Sozialen Arbeit durch DSGVO und BDSG geregelt; besondere Sensibilitaet bei Sozialdaten.

Deontologie: Pflichtenethik; moralische Theorie, die Handlungen nach ihrer Vereinbarkeit mit allgemeinen Regeln bewertet, unabhaengig von den Konsequenzen. Begruendet von Immanuel Kant.

Diagnostik, soziale: Systematische Analyse der sozialen Situation einer Person oder Gruppe zur Grundlage von Interventionsentscheidungen. Umfasst Ressourcen, Belastungen, Kontextfaktoren und Selbstwahrnehmung.

Doppeltes Mandat: Konzept, das die gleichzeitige Beauftragung Sozialer Arbeit durch staatliche Institutionen und durch die Klientinnen und Klienten beschreibt. Spannung zwischen Hilfe und Kontrolle.

E

Empowerment: Befahigung und Ermaechtigung von Menschen, ihr Leben selbst in die Hand zu nehmen. Empowermentorientierte Soziale Arbeit foerdert Selbsthilfe, Ressourcenaktivierung und kollektive Handlungsmaeglichkeit.

Eco-Map: Grafisches Instrument zur Darstellung sozialer Netzwerke einer Person und der Qualitaet ihrer Beziehungen. Hilft, Ressourcen und Belastungen im sozialen System sichtbar zu machen.

Erziehungshilfen: Leistungen der Kinder- und Jugendhilfe zur Unterstuetzung von Familien, wenn die Erziehung des Kindes nicht gemaess seinem Wohl gestaltet werden kann (§§ 27-35 SGB VIII).

Ethisches Dilemma: Situation, in der zwei oder mehr legitime ethische Werte oder Pflichten miteinander in Konflikt stehen und keine Handlungsoption alle Werte gleichzeitig erfullen kann.

F

Fallarbeit: Systematische, kontinuierliche Auseinandersetzung mit einer konkreten Person, Familie oder Gruppe in einer konkreten Situation. Umfasst Assessment, Planung, Intervention und Evaluation.

Fachkraeftemangel: Strukturelles Defizit an qualifizierten Sozialarbeitenden in Deutschland, das zunehmend Versorgungsluecken verursacht. Ergebnis von Unterfinanzierung, unzureichender Vergutung und hoher Berufsbelastung.

Freie Wohlfahrtspflege: System nicht-staatlicher, gemeinnuetziger Traeger sozialer Dienste in Deutschland. Umfasst die Spitzenverbande Caritas, Diakonie, AWO, DRK, Paritaetischer Wohlfahrtsverband und ZWST.

Fuersorgepflicht: Rechtliche und ethische Verpflichtung des Arbeitgebers, die psychische und physische Gesundheit seiner Beschaeftigten zu schuetzen und foerderliche Arbeitsbedingungen zu schaffen.

G

Gemeinwesenarbeit (GWA): Methode der Sozialen Arbeit, die auf die Staerkung kollektiver Handlungsmaeglichkeit in Gemeinschaften, Stadtteilen oder sozialen Raeumen ausgerichtet ist.

Genogramm: Grafisches Instrument zur Darstellung des Familiensystems ueber mehrere Generationen. Macht familiaere Muster, Beziehungen und Ressourcen sichtbar.

Governance: Steuerungs- und Regelungsformen sozialer Systeme; in der Sozialen Arbeit relevant fuer das Verstaendnis von institutionellen Rahmenbedingungen und politischen Entscheidungsprozessen.

Gouvernementalitat: Begriff aus Michel Foucaults Machtanalyse; beschreibt die subtilen Mechanismen, durch die Menschen dazu gebracht werden, sich selbst zu regieren und bestimmten Normen zu genuegen.

H

Handlungswissenschaft: Wissenschaft, die nicht nur erklaert, sondern auf Handeln ausgerichtet ist und Wissen fuer die Praxis produziert. Soziale Arbeit versteht sich als Handlungswissenschaft.

Harm Reduction: Schadensminimierung; Prinzip in der Suchthilfe, das nicht Abstinenz als einziges Ziel setzt, sondern die Verminderung gesundheitlicher Schaeden durch Drogenkonsum primaer anstrebt.

Hilfeplan: Verbindliches Planungsinstrument in der Jugendhilfe (§ 36 SGB VIII), das Ziele, Massnahmen und Verantwortlichkeiten partizipativ festlegt und regelmaessig uberprueft wird.

Housing First: Ansatz in der Wohnungslosenhilfe, der die Bereitstellung stabiler Unterkunft als erste Prioritaet setzt, ohne Vorbedingungen wie Abstinenz oder Therapieteilnahme zu stellen. International empirisch gut bewaehrt.

I

Inklusion: Gesellschaftliches Ziel und paeadagogisches Prinzip, nach dem alle Menschen – unabhaengig von Behinderung, Herkunft oder anderen Merkmalen – gleichberechtigt am gesellschaftlichen Leben teilhaben koennen.

Interdisziplinaeres Team: Arbeitsgruppe aus Fachkraeften verschiedener Professionen (z.B. Soziale Arbeit, Psychologie, Medizin, Paedagogik), die gemeinsam an der Versorgung von Klientinnen arbeiten.

Intersektionalitaet: Analytisches Konzept (Kimberlae Crenshaw), das beschreibt, wie verschiedene Diskriminierungsdimensionen (Geschlecht, Rasse, Klasse, Behinderung) miteinander verschraenkt sind und sich gegenseitig beeinflussen.

Inobhutnahme: Sofortiger, vorlaeufiger Schutz eines Kindes oder Jugendlichen durch das Jugendamt, wenn eine akute Kindeswohlgefaehrdung vorliegt (§ 42 SGB VIII).

J – K

Jugendhilfeplanung: Systematische Planung und Weiterentwicklung der Angebote und Leistungen der Jugendhilfe in einem kommunalen Gebiet, unter Beteiligung der Trager, Fachkraefte und Betroffenen.

Kindeswohl: Zentrales rechtliches und fachliches Konzept, das das physische, psychische und soziale Wohl von Kindern und Jugendlichen bezeichnet und als Massstab fuer Entscheidungen in der Jugendhilfe dient.

Kindeswohlgefaehrdung: Zustand, in dem das Wohl eines Kindes durch Vernachlaessigung, Misshandlung, sexuellen Missbrauch oder andere Formen von Schaden bedroht ist. Loest Schutzpflichten aus (§ 8a SGB VIII).

Kohaerenzsinn (Sense of Coherence): Begriff aus Antonovskys Salutogenesekonzept; bezeichnet eine generalisierte Lebenshaltung, die Verstehbarkeit, Handhabbarkeit und Bedeutsamkeit des Lebens umfasst.

L – M

Lebenswelt: Phaenomentologisch-soziologisches Konzept; der alltagliche, subjektiv erlebte Erfahrungsraum von Menschen, in dem sie ihr Leben deuten, gestalten und bewaeltigen. Grundlage der Lebensweltorientierten Sozialen Arbeit nach Thiersch.

Lebensweltorientierung: Konzept der Sozialen Arbeit (Hans Thiersch), das ausgehend von der Alltagswirklichkeit und den subjektiven Erfahrungen von Klientinnen ansetzt und Partnerschaftlichkeit, Alltagsnaehe und Ressourcenstaerkung betont.

Mandant: Veralteter, aber noch gelegentlich verwendeter Begriff fuer die Person, der gegenueber Soziale Arbeit verpflichtet ist; oft synonym mit Klient. Der Begriff signalisiert eine rechtliche Beauftragung.

Menschenrechte: Universelle, unveraeuszerliche Rechte, die jedem Menschen allein aufgrund seines Menschseins zukommen. In der Sozialen Arbeit als konstitutiver Wert verankert; Grundlage der internationalen Definition.

Motivierende Gespraeachsfuehrung (Motivational Interviewing): Evidenzbasierte Beratungsmethode (Miller & Rollnick), die auf die Staerkung intrinsischer Veraenderungsmotivation abzielt, ohne zu konfrontieren oder zu moralisieren.

N – P

Niedrigschwelligkeit: Prinzip der Angebotsgestaltung, nach dem Zugangsbarrieren so gering wie moeglich gehalten werden, damit auch besonders belastete oder marginalisierte Menschen Unterstuetzung erreichen koennen.

Partizipation: Aktive Beteiligung von Klientinnen und Klienten an Planungs-, Entscheidungs- und Evaluationsprozessen. Von der bloszen Information bis zur Ko-Produktion ein breites Spektrum.

Persoenliches Budget: Geldleistung fuer Menschen mit Behinderungen, mit der sie Unterstuetzungsleistungen selbst einkaufen koennen, statt Sachleistungen institutioneller Einrichtungen in Anspruch nehmen zu muessen.

Profession: Qualifizierter Beruf mit eigenem wissenschaftlichem Wissenskorpus, Berufsethik, Berufsorganisation und gesellschaftlich anerkannten Zustaendigkeitsbereichen. Soziale Arbeit ist eine Profession.

Professionelle Haltung: Internalisierte ethische und fachliche Grundeinstellung, die das berufliche Handeln pragt. Umfasst Empathie, bedingungslose Wertschaetzung, Authentizitaet und Selbstreflexion.

R – S

Reflexion, professionelle: Systematische, kritische Auseinandersetzung mit dem eigenen Handeln, den eigenen Vorannahmen und den institutionellen Rahmenbedingungen. Voraussetzung professioneller Entwicklung.

Resilienz: Faehigkeit, trotz widriger oder belastender Umstaende psychisch gesund zu bleiben oder nach Belastungen wieder Stabilitaet zu finden. Keine angeborene Eigenschaft, sondern durch Schutzfaktoren foerderbar.

Salutogenese: Wissenschaftlicher Ansatz (Aaron Antonovsky), der fragt, was Menschen gesund erhaelt, statt was sie krank macht. Betont Ressourcen und Schutzfaktoren, nicht Defizite und Risiken.

Schweigepflicht: Rechtliche (§ 203 StGB) und berufsethische Verpflichtung, Informationen aus dem professionellen Kontext ohne Einwilligung der Betroffenen nicht weiterzugeben. Ausnahmen bei unmittelbarer Gefahr.

Sekundaere Traumatisierung: Traumatische Reaktionen bei Fachkraeften durch die intensive, empathische Auseinandersetzung mit traumatisierten Menschen. Symptome aehnlich einer posttraumatischen Belastungsstoerung.

Selbstfuersorge: Gesamtheit der Massnahmen, die Fachkraefte ergreifen, um ihre eigene psychische und physische Gesundheit zu schuetzen und langfristig arbeitsfaehig zu bleiben. Professionelle Notwendigkeit, kein Luxus.

Soziale Diagnose: Systematische Analyse der Gesamtsituation einer Person unter Einbeziehung ihrer sozialen Einbettung, Ressourcen und Beduerfnisse. Begruendet von Mary Richmond (1917).

Soziale Gerechtigkeit: Gesellschaftliches Ziel, das gleiche Lebensbedingungen, Chancen und Rechte fuer alle Menschen anstrebt. Kernwert der Sozialen Arbeit.

Sozialgesetzbuch (SGB): Zentrale Rechtsgrundlage der deutschen Sozialen Arbeit; gegliedert in zwoelf Bucher, die verschiedene Bereiche sozialer Sicherung regeln.

Sozialpaeadagogik: Disziplin, die Erziehung, Bildung und Sozialisation in sozialen Problemlagen zum Gegenstand hat. Im deutschsprachigen Raum heute oft synonym mit Sozialer Arbeit verwendet.

Sozialraum: Physischer, sozialer und symbolischer Raum, in dem Menschen ihr Leben gestalten. In der Sozialen Arbeit Ausgangspunkt fuer ressourcenorientierte, lebensweltnahe Interventionen.

Streetwork: Aufsuchende Soziale Arbeit; Fachkraefte gehen aktiv in das Lebensumfeld von Klientinnen (Strasse, Parks, Szeneorte), statt auf einen Besuch in der Einrichtung zu warten.

Subsidiartaetsprinzip: Grundsatz, nach dem Hilfe zunaechst durch die kleinste zustaendige Einheit (Familie, Gemeinde, Verein) geleistet werden soll, bevor der Staat eingreift. Praegt die deutsche Wohlfahrtsstaatsstruktur.

Supervision: Instrument der professionellen Begleitung und Qualitaetssicherung; bietet Fachkraeften einen geschuetzten Reflexionsraum mit einer qualifizierten Supervisorin. Wichtigstes Burnoutpraeventionsinstrument.

Systemisches Arbeiten: Praxiskonzept, das Probleme im Kontext von Beziehungssystemen und Wechselwirkungen betrachtet; nutzt zirkulaere Fragen, Reframing und andere Techniken zur Erschliessung neuer Handlungsmoeglichkeiten.

T – Z

Teilhabe: Gleichberechtigte Beteiligung am gesellschaftlichen Leben in allen Bereichen (Arbeit, Bildung, Freizeit, soziale Beziehungen). Kernziel der Behindertenhilfe und zunehmend aller Bereiche Sozialer Arbeit.

Traeger: Organisationen oder Institutionen, die soziale Einrichtungen betreiben und Leistungen der Sozialen Arbeit anbieten. Unterschieden in oeffentliche Traeger (Staat, Kommunen) und freie Traeger (Wohlfahrtsverbande, Vereine, private Anbieter).

Triangulierung, professionelle: Faehigkeit, eine Situation aus mehreren Perspektiven gleichzeitig zu betrachten – der eigenen, der Klientin und der institutionellen.

Utilitarismus: Ethische Theorie, die Handlungen nach ihren Konsequenzen fuer das Wohlergehen moeglichst vieler Menschen bewertet. Haufig als konsequenzialistische Perspektive in ethische Fallanalysen einbezogen.

Vulnerabilitaet: Vulnerabilitaet bezeichnet die Verwundbarkeit oder Schutzbeduerftigkeiit von Personen oder Gruppen gegenueber bestimmten Belastungen, Risiken oder Diskriminierungen.

Wohlfahrtsstaat: Staatliches System sozialer Sicherung, das Buergerinnen und Buerger vor existenziellen Risiken (Krankheit, Alter, Arbeitslosigkeit, Armut) schuetzt. Deutschland hat einen korporatistischen Wohlfahrtsstaat mit starker Rolle der freien Wohlfahrtspflege.

Wohnungslosigkeit: Zustand, in dem Menschen ueber keinen eigenen und gesicherten Wohnraum verfuegen. Umfasst Obdachlosigkeit (Leben auf der Strasse) und verdeckte Wohnungslosigkeit (Unterkuenfte bei Dritten, in Heimen etc.).

Zirkulaere Fragen: Fragetechnik in der systemischen Beratung, die zur Perspektivuebernahme und zur Wahrnehmung von Wechselwirkungen anregt. Beispiel: Wie wuerden Ihre Kinder beschreiben, wie Sie sich in dieser Situation fuehlen?

Anhang: Praktische Arbeitshilfen

Dieser Anhang stellt ausgewaehlte Arbeitshilfen und Instrumente vor, die in der Praxis Sozialer Arbeit haeufig eingesetzt werden. Er dient als Einstieg und Orientierung – nicht als abschliessende Sammlung.

A.1 Wichtige Gesetzestexte im Ueberblick

SGB I – §§ 1–4: Grundsaetze, Aufgaben und Leistungsberechtigte des Sozialgesetzbuches. SGB II – §§ 7–9: Leistungsberechtigte, Beduerftigkeitsberechnung und Grundsaetze des Buergergeldes. SGB VIII – §§ 1, 8a, 27–35, 36: Leitziel der Jugendhilfe, Schutzauftrag, Hilfen zur Erziehung, Hilfeplan. SGB IX – §§ 1–9: Grundsaetze der Rehabilitation und Teilhabe, Persoenliches Budget. SGB XII – §§ 27–40: Grundsicherung im Alter und bei Erwerbsminderung, Sozialhilfeleistungen.

Diese Paragraphen sollten nicht nur bekannt sein, sondern im Original gelesen und in ihrer Systematik verstanden werden. Gesetzestexte sind keine abstrakten Dokumente, sondern konkrete Handlungsgrundlagen fuer die taegliche Arbeit. Aktuelle Fassungen sind auf dem Bundesjustizportal unter gesetze-im-internet.de kostenfrei zugaenglich.

A.2 Instrumente des Case Managements

Assessment-Raster (Ausschnitt): Im Assessment werden folgende Dimensionen systematisch erfasst: 1. Anlass und Problemdarstellung (aus Perspektive der Klientin und der Institution). 2. Aktuelle Lebenssituation: Wohnen, Finanzen, Arbeit, Gesundheit, soziale Netzwerke. 3. Ressourcen und Schutzfaktoren: Was laeuft gut? Auf wen kann die Person zaehlen? 4. Risikofaktoren und Gefaehrdungen. 5. Eigene Einschaetzung der Klientin: Was moechte sie? Was erwartet sie? 6. Institutionelle Moeglichkeiten und Grenzen. 7. Kurzfristige und mittelfristige Ziele (partizipativ vereinbart).

Der Hilfeplan enthaelt: Namen und Rollen aller Beteiligten; vereinbarte Ziele (SMART: spezifisch, messbar, attraktiv, realistisch, terminiert); konkrete Massnahmen und

Verantwortlichkeiten; Zeitplan und naechster Ueberpruefungstermin; Einverstaendnis aller Beteiligten (Unterschriften).

A.3 Leitfragen fuer ethische Fallbesprechung

Bei ethischen Dilemmata helfen folgende strukturierende Fragen: 1. Welche Fakten liegen vor? Was ist gesichert, was ist Vermutung? 2. Wessen Interessen sind betroffen? Welche Rechte und Pflichten entstehen daraus? 3. Welche Werte stehen in Konflikt? Wie werden sie bewertet? 4. Welche Handlungsoptionen gibt es? Welche Konsequenzen haette jede Option? 5. Was sagen der Berufskodex und das Recht? 6. Was wuerde eine Fachkraft tun, die ich respektiere? 7. Welche Entscheidung kann ich transparent begruenden? 8. Wer muss informiert werden, und wie?

A.4 Selbstfuersorge-Check: Monatliche Reflexion

Stellen Sie sich einmal monatlich folgende Fragen: Physisch: Wie schlaefe ich? Bewege ich mich regelmaessig? Ernaehre ich mich gut? Psychisch: Habe ich in letzter Zeit Freude erlebt? Gibt es Sorgen oder Belastungen, die ich mit mir herumtrage? Sozial: Habe ich Kontakt zu Menschen ausserhalb des Berufs gesucht und genossen? Professionell: Habe ich alle Faelle, die mich belasten, in der Supervision oder Teamberatung besprochen? Gibt es Situationen, in denen ich das Gefuehl hatte, nicht professionell gehandelt zu haben? Habe ich auf meinen Feierabend geachtet?

Wenn Sie bei mehreren dieser Fragen bemerken, dass etwas fehlt oder aus der Balance geraten ist, ist das ein Signal – kein Versagen. Handeln Sie rechtzeitig, bevor ein kleines Ungleichgewicht zur Krise wird.

A.5 Wesentliche Adressen und Anlaufstellen

DBSH – Deutscher Berufsverband fuer Soziale Arbeit: www.dbsh.de – Berufskodex, Rechtsberatung fuer Mitglieder, Fachpublikationen, Fortbildungsangebote.

IFSW – International Federation of Social Workers: www.ifsw.org – Internationale Definition, globale Berufspolitik, internationale Netzwerke.

Bundesarbeitsgemeinschaft der freien Wohlfahrtspflege (BAGFW): www.bagfw.de – Dachverband der sechs grossen Wohlfahrtsverbande; Statistiken, Positionspapiere, Jahresberichte.

Bundesministerium fuer Familien, Senioren, Frauen und Jugend (BMFSFJ): www.bmfsfj.de – Aktuelle Gesetze, Foerderprogramme, Berichte zur Lage von Familien, Kindern und aelteren Menschen.

Gesetze im Internet: www.gesetze-im-internet.de – Amtliche Fassungen aller deutschen Gesetze, kostenlos und stets aktuell.

Statistisches Bundesamt: www.destatis.de – Daten zu Armut, Bevoelkerungsentwicklung, Sozialleistungen und anderen relevanten Themen.

A.6 Empfehlungen fuer den Berufseinstieg

Der erste Job: Sprechen Sie vor der Stellennahme mit jetzigen oder ehemaligen Mitarbeitenden der Einrichtung. Informieren Sie sich ueber Supervisionsmoelichkeiten, Fallzahlen und Teamkultur. Stellen Sie im Vorstellungsgespraech eigene Fragen – ein guter Arbeitgeber begruetzt das. Handeln Sie Gehalt auf Grundlage des geltenden Tarifvertrags (TVoeD oder AVR) und informieren Sie sich vorher ueber Eingruppierungen.

In den ersten Monaten: Erlauben Sie sich eine Lernphase. Fragen Sie – auch vermeintlich dumme Fragen. Suchen Sie sich Mentorinnen und Mentoren im Team. Schreiben Sie regelmaessig Reflexionsnotizen ueber Faelle und eigene Reaktionen. Nutzen Sie Supervision aktiv. Und: Halten Sie Ihren Feierabend. Von Anfang an.

www.ingramcontent.com/pod-product-compliance
Lightning Source LLC
Chambersburg PA
CBHW061505250726
48657CB00005B/1726